alexander zemlinsky

EINE STUDIE VON HORST WEBER

VERLAG ELISABETH LAFITE WIEN
ÖSTERREICHISCHER BUNDESVERLAG WIEN

Österreichischer Bundesverlag für Unterricht,
Wissenschaft und Kunst, Wien 1977
Druck: Offizin Ernst Schwarcz, Wien IX
ISBN 3-215-02085-8

VORWORT

Dieses Buch handelt von dem *Komponisten* Zemlinsky — die Leistungen des *Interpreten,* so außergewöhnlich sie auch gewesen sein müssen, finden nur am Rande Erwähnung. Im Mittelpunkt des Werkteils stehen einige ausführliche Werkbetrachtungen, um die kürzere Erläuterungen zu anderen Kompositionen gruppiert sind. Die Auswahl schließt nicht in jedem Fall ein Qualitätsurteil ein. Auf eine Besprechung der Chorwerke und des Balletts nach Hofmannsthals „Der Triumph der Zeit“ wurde um der Konzentration willen verzichtet.

Von den zahlreichen Persönlichkeiten und Institutionen, denen der Verfasser für ihre Hilfe zu danken hat, seien genannt: die Bayerische Staatsbibliothek, München (Dr. Robert Münster), die Deutsche Forschungsgemeinschaft, Bonn — Bad Godesberg, die Library of Congress, Washington, Herr Dr. Hans Moldenhauer, Spokane (USA), Frau Nuria Nono, Venedig, die Österreichische Nationalbibliothek, Wien (Hofrat Dr. Franz Grasberger), die Tschechische Staats- und Universitätsbibliothek, Prag (Frau Dr. Jarmila Brožovská), die Universal-Edition, Wien, und Frau Louise Zemlinsky, New York.

Bonn, im Juni 1976

Horst Weber

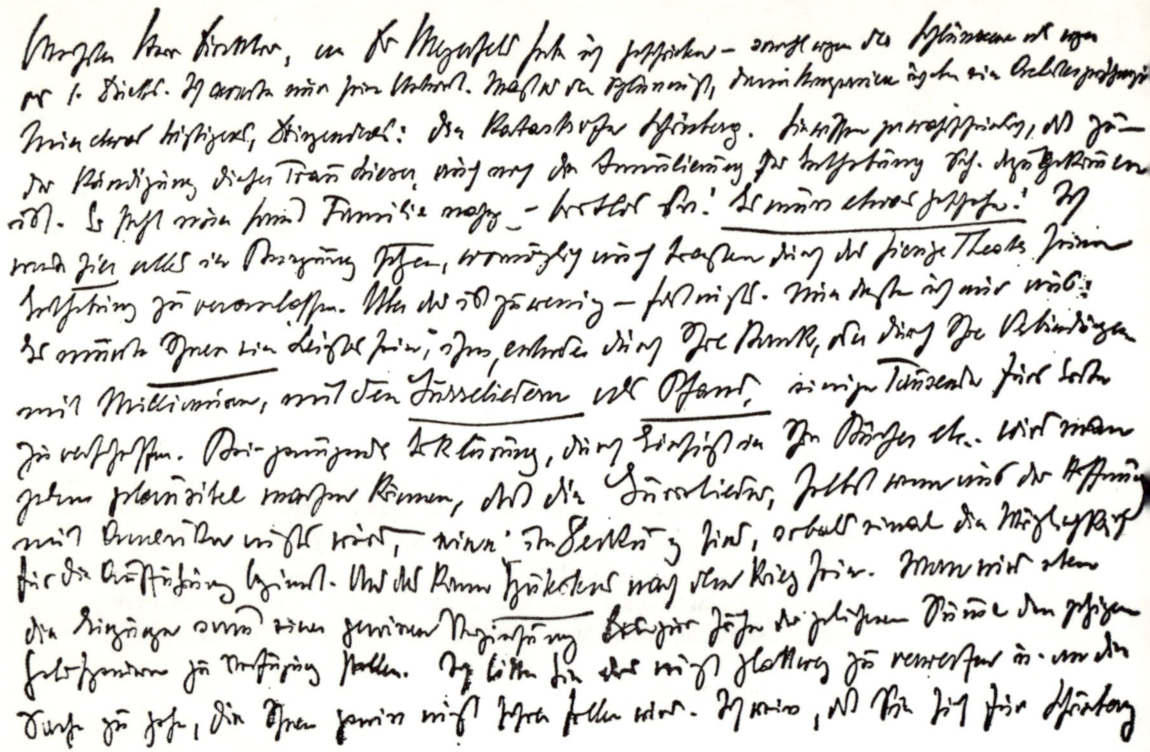

Brief Zemlinskys an Emil Hertzka, Direktor der Universal Edition
Prag, undatiert (ca. Oktober 1917)

Verehrter Herr Direktor, an Dr. Meyerfeld habe ich geschrieben — sowohl wegen der Schlußscene als wegen des 1. Duetts. Ich erwarte nun seine Antwort. Macht er den Schluß nicht, dann komponiere ich eben ein Orchesterzwischenspiel. Nun etwas Wichtigeres, Dringenderes: Die Katastrophe Schönberg. Sie wissen ja wahrscheinlich, daß zu der Kündigung dieser Frau Lieser auch noch die Annullierung der Enthebung Sch[önbergs] dazugekommen ist. Er steht nun samt Familie nahezu brotlos da! *Es muß etwas geschehen!* Ich werde *hier* alles in Bewegung setzen, womöglich auch trachten, durch das hiesige Theater seine Enthebung zu veranlassen. Aber das ist zu wenig — fast nichts. Nun dachte ich mir aus: Es müßte *Ihnen* ein Leichtes sein, ihm, entweder durch Ihre Bank, oder durch Ihre Verbindungen mit Millionären, mit den *Gurreliedern* als *Pfand,* einige Tausender fürs Erste zu verschaffen. Bei genügender Erklärung, durch Einsicht in Ihre Bücher etc. wird man jedem plausibel machen können, daß die Gurrelieder, selbst wenn aus der Hoffnung mit Amerika nichts wird, eine feste Deckung sind, sobald einmal die Möglichkeit für die Aufführung beginnt. Und das kann *spätestens* nach dem Krieg sein. Man wird eben die Eingänge samt einer gewissen Verzinsung bis zur Höhe der geliehenen Summe den jetzigen Geldspendern zur Verfügung stellen. Ich bitte Sie, das nicht glattweg zu verwerfen und an die Sache zu gehen, die Ihnen gewiß nicht schwerfallen wird. Ich weiß, daß Sie sich für Schönberg

[interessieren, daß Sie ihn gern haben und daß Sie sein grausames Schicksal ebenso wie mich ergreift. Ich erwarte Ihre Meinung darüber *in größter Spannung*. (Ich führe heuer seinen „Pelleas" auf.) Eile tut jetzt sehr not.

....

Mit besten Grüßen

Zemlinsky]

LEBEN

IN WIEN[1]

Herkunft und Jugend. Im Kreise Brahms'

Österreich hatte zu Beginn des 19. Jahrhunderts auf dem Wiener Kongreß die Hegemonialstellung in Europa erlangt: es war Präsidialmacht des Deutschen Bundes geworden; es hatte die an Napoleon verlorenen norditalienischen Provinzen Lombardei und Venetien wiedergewonnen; außenpolitisch war es durch die „Heilige Allianz" mit Rußland und Preußen abgesichert, und innenpolitisch schienen Ruhe und Ordnung durch ein strenges Polizeiregiment gewährleistet. Doch die Revolution von 1848 machte dieser trügerischen Sicherheit ein Ende. Metternich mußte seinen Abschied nehmen, und der Aufstand in Ungarn, dessen Anführer sechzig Jahre später durch Béla Bartók in der „Kossuth"-Symphonie verherrlicht wurde, konnte nur mit Hilfe russischen Militärs niedergeschlagen werden. Obwohl die „Reaktion" siegte und in Europa das pentarchische Gleichgewicht des Metternichschen Systems noch während des ganzen 19. Jahrhunderts bis zum Ersten Weltkrieg fortbestand, begann mit der 48er Revolution eine politische Entwicklung, die Österreich entscheidend schwächte.

Die „Heilige Allianz" zerbrach während des Krimkrieges (1854—1856) infolge des österreichisch-russischen Interessenkonflikts auf dem Balkan. Österreich verlor nach der Schlacht bei Solferino (1859) die Lombardei, 1866 auch Venetien an das Königreich Italien. Schließlich mußte es im gleichen Jahr nach der Niederlage gegen Preußen bei Königgrätz der Auflösung des Deutschen Bundes zustimmen. Um den Einfluß in Deutschland und damit in Europa wiederzugewinnen, versuchte Wien zunächst die innenpolitische Situation durch den „Ausgleich" mit Ungarn (1867) zu konsolidieren; das Königreich Ungarn wurde als selbständiger Reichsteil anerkannt und durch Personalunion mit Österreich verbunden. Aber die Hoffnungen der „Österreichisch-Ungarischen Monarchie", wie das Kaisertum Österreich nun hieß, auf eine dominierende Rolle in Mitteleuropa zerschlugen sich bereits 1871, als nach dem deutsch-französischen Krieg der preußische König zum Deutschen Kaiser proklamiert und ein Deutsches Reich unter Ausschluß von Österreich gegründet wurde. Die ehemalige Hegemonialmacht Österreich ging aus den politischen Auseinandersetzungen um die Mitte des vorigen Jahrhunderts als die schwächste europäische Großmacht hervor. In einem langen, erbitterten Frieden sah die k. u. k. Monarchie ihrer Katastrophe entgegen.

---

1 Quellennachweise zu diesem Kapitel siehe auch: H. Weber, Zemlinsky in Wien 1871—1911; in: Archiv für Musikwissenschaft, 28. Jg., 1971, S. 77—96.

Im Jahr der deutschen Reichsgründung, am 14. Oktober 1871, wurde Alexander Zemlinsky in Wien geboren[2]. Er gehört jener Generation von Österreichern an, die um die Jahrhundertwende noch einmal eine Hochblüte der Kunst in Wien hervorbrachte: Gustav Mahler und Arnold Schönberg, Arthur Schnitzler, Richard Beer-Hofmann, Hugo von Hofmannsthal, Leopold von Andrian, Peter Altenberg und Karl Kraus, Gustav Klimt, Josef Olbrich, Josef Hoffmann und Adolf Loos waren Zeitgenossen Zemlinskys.

Das Völkergemisch der Donaumonarchie dokumentiert sich eindrucksvoll in Zemlinskys Abstammung. Der Vater Adolph von Zemlinszky war Wiener Bürger, dessen Vorfahren aus Nove Město (Neustadt) im Osten der Slowakei nach Wien zugezogen waren (der Name Zemlinszky deutet auf polnisch-galizische Herkunft); die Mutter Clara, geb. Semo, entstammte einer jüdisch-mohammedanischen Familie in Sarajevo[3], jener türkischen Enklave der Donaumonarchie, die noch bis 1878 zum Osmanischen Reich gehörte. Über den Beruf des Vaters ist keine restlose Klarheit zu gewinnen: nach Zemlinskys eigenen Angaben war der Vater Bahnbeamter[4], aber im „Lehmann“, dem Wiener Adreßbuch, ist er als Privatangestellter einer Versicherung und Journalist ausgewiesen[5]; im „Eisenberg“ von 1891 wird er als Schriftsteller mit eigenen Publikationen aufgeführt[6]. Jedenfalls scheint Zemlinsky in einer den Künsten aufgeschlossenen Atmosphäre aufgewachsen zu sein.

Allerdings lebte die Familie, zu der später noch zwei Töchter, Mathilde (1875) und Bianca (1877) kamen, in sehr ärmlichen Verhältnissen. Und es wäre wohl zu keiner frühzeitigen musikalischen Ausbildung Zemlinskys gekommen, hätte nicht ein Freund des Vaters, dessen schulpflichtiger Sohn bei den Zemlinskys Aufnahme fand, in der Wohnung ein Klavier aufstellen lassen[7]. Der vierjährige Alexander zeigte großes Interesse für Musik und erhielt von dieser Zeit an regelmäßigen Klavierunterricht. So wurde der Grundstein für seine früh beendete musikalische Ausbildung und sein enormes pianistisches Können in späteren Jahren gelegt.

Mit dreizehn Jahren begann Zemlinsky sein Musikstudium am Konservatorium der Gesellschaft der Musikfreunde in Wien. In die gleiche Zeit reichen erste Kompositionsversuche zurück, darunter eine Kadenz zu Beethovens 4. Klavierkonzert, die er wohl für sich geschrieben hat und die ahnen läßt, wie weit seine Technik des Klavierspiels fortgeschritten war. Am Konservatorium wurde Zemlinsky in die Pianistenklasse des Brahms-Freundes Anton Door aufgenommen. In Harmonielehre wurde er von Fritz Krenn unterwiesen,

---

[2] Geburtenbuch 1871 der Israelitischen Kultusgemeinde Wien, Eintragung unter Nr. 2333. Zemlinsky selbst hat immer wieder 1872 als sein Geburtsjahr angegeben.

[3] Siehe Heimatrolle der Stadt Wien.

[4] Undatiertes Schreiben Zemlinskys an die Redaktion der Musikpädagogischen Zeitschrift in Wien. Archiv der Universal Edition, Wien.

[5] Lehmanns Allgemeiner Wohnungs-Anzeiger nebst Handels- und Gewerbe-Adreßbuch für die k. k. Reichshaupt- und Residenzstadt Wien und Umgebung. Wien Jg. 1873 ff.

[6] L. Eisenberg, Das geistige Wien, Wien 1891, S. 418.

[7] Bericht von Frau Louise Zemlinsky, New York.

in Kontrapunkt von Robert Fuchs (die gleichen Theorielehrer hatten bereits Gustav Mahler unterrichtet[8]). 1890 schloß Zemlinsky sein Klavierstudium als „bester Klavierspieler des Konservatoriums" seines Jahrganges ab[9]. Seine Kenntnisse der Kompositionstechnik vertiefte er durch ein zweijähriges Studium bei dem Wiener Hofkapellmeister Johann Nepomuk Fuchs. Im Sommer 1892 stellte er in einem Konzert des Konservatoriums den ersten Satz einer d-moll-Symphonie als sein Gesellenstück vor und schloß damit — zwanzigjährig — seine musikalische Ausbildung an diesem Institut ab.
Am Konservatorium der Gesellschaft der Musikfreunde hatte Zemlinsky freilich nicht nur sein kompositorisches Handwerk erlernt, sondern auch ein Musikideal übernommen, das dem Wiener Klassizismus und der Ästhetik Hanslicks verpflichtet war. Dadurch wurde er in die Auseinandersetzung zwischen „Brahmsianern" und „Wagnerianern" verstrickt. Denn während sich Wagners Musik infolge der intensiven Pflege an der Hofoper durch die Dirigenten Felix Mottl und Hans Richter durchgesetzt hatte, blieb das Konservatorium — obwohl ihm ein Bruckner angehörte — ein Zentrum klassizistischen Geistes. Da Hanslicks Position sich zu dogmatischem Sektierertum verhärtete, kehrte sich seine Apostrophierung der Neudeutschen als „Partei" gegen seine eigene schwindende Anhängerschaft. Die von Hanslick ironisch als „Zukunftsmusik" titulierten Werke Wagners wurden die Musik der Gegenwart. Der Streit um Wagner bildete den Ausgangspunkt für eine ungebrochene Tradition des Widerstandes gegen das jeweils Neue, von den Neudeutschen bis zu den „Neutönern" — wie man später die Komponisten der Wiener Schule nannte. Doch war verständlicherweise gerade in Wien der Widerstand gegen Wagner besonders heftig, und dies nicht nur, weil hier eine starke heimische Tradition herrschte und Musik von allen Künsten im Bewußtsein der Wiener Öffentlichkeit die wichtigste Rolle spielte; vielmehr gab es in der Hauptstadt der österreichisch-ungarischen Monarchie für diesen Widerstand auch ein politisches Motiv, das allerdings verdrängt wurde, da man ja „rein musikalisch" argumentierte und die Musik von außermusikalischen Bestimmungen, Ideologien u. a. rein halten wollte. Doch gerade der blinde Glaube, objektiv zu sein, zeugt von „falschem Bewußtsein"; und so ist auch Hanslicks Autonomieästhetik auf dem Hintergrund der innenpolitischen Situation des österreichischen Vielvölkerstaates zu sehen. Wagners Kunst wurde als eine nationale, eine deutsche Kunst verstanden, die von Brahms als eine übernationale, die das gemeinsame Erbe der Wiener Klassik verwaltete. Undenkbar, daß ein slawischer Komponist Wagner so adaptiert hätte, wie Dvořák die Sprache Brahms' gleichsam in slawischem Dialekt sprach. Das Beispiel des Wagnerianers Bedřich Smetana, des Begründers der nationalen tschechischen Musikkultur, hat die geheimen Befürchtungen bestätigt, eine allzu deutsche Musik könne eine allzu slawische provozieren.

---

[8] H.-L. de La Grange, Mahler, Bd. 1, New York 1973, S. 31 ff.
[9] Bericht über das Konservatorium für Musik und Darstellende Kunst der Gesellschaft der Musikfreunde in Wien für das Schuljahr 1889/90, Wien 1890, S. 95 u. 98.

Der Kampf zwischen Brahms- und Wagner-Anhängern organisierte sich in musikalischen Vereinigungen. Neben dem „Wiener akademischen Wagner-Verein“ gab es den „Wiener Tonkünstlerverein“, der von Zemlinskys Klavierlehrer Anton Door gegründet worden war und Johannes Brahms zum Ehrenpräsidenten gewählt hatte. Zemlinsky trat ein Jahr nach seinem Studienabschluß dem Tonkünstlerverein bei und suchte sich dort als Komponist und Pianist zu profilieren. Bis zur Jahrhundertwende wurden in Konzerten des Tonkünstlervereins, der sich besonders der Pflege neuer Kammermusik widmete, mehrere Werke Zemlinskys uraufgeführt: u. a. ein Klavierquartett, eine Violinsonate, das Klaviertrio mit Klarinette op. 3 und eine Symphonie in B-dur; in den Konzerten trat er häufig als Pianist auf und gewann bei dieser Gelegenheit in dem Cellisten Friedrich Buxbaum, dem späteren Mitglied des Rosé-Quartetts, einen einflußreichen Freund (ihm hat er sein drittes Streichquartett gewidmet).
Zemlinsky begegnete Brahms 1895 bei einem Festkonzert des Konservatoriums, in dem er die Uraufführung seiner Orchestersuite leitete und Brahms seine Akademische Festouvertüre dirigierte. Ein Jahr später hob das Hellmesberger-Quartett Zemlinskys Streichquintett aus der Taufe. Zemlinsky erinnerte sich später: „Bei dieser Gelegenheit wurde ich Brahms vorgestellt und trat von dieser Zeit in näheren Verkehr mit ihm.“[10] Als Zemlinsky bei einem Kompositionswettbewerb des Tonkünstlervereins für ein Kammermusikwerk mit einem Blasinstrument den dritten Preis mit seinem Klaviertrio op. 3 errang, sorgte Brahms, der auch die Prämien für die Preisträger gestellt hatte, für die Verlegung des Werkes bei Simrock. Das Empfehlungsschreiben von Brahms an Simrock schließt mit den Worten: „[ich kann] eben auch den Menschen und das Talent empfehlen.“[11]
Durch Brahms' Förderung wurde eine breitere musikalische Öffentlichkeit auf Zemlinsky aufmerksam. Das Ansehen des jungen Komponisten wuchs, als seine B-dur-Symphonie den von der Gesellschaft der Musikfreunde ausgeschriebenen Beethoven-Preis erhielt und seine erste Oper „Sarema“ bei dem Wettbewerb um den Luitpold-Preis in München erfolgreich war. Seither galt Zemlinsky als eines der hoffnungsvollsten Talente des jungen Wien.

Lehrer Schönbergs

Der Erfolg des Komponisten und der Ruf seines pädagogischen Geschicks lockten Kompositionsschüler an; einer von ihnen war ein „Genie“: Arnold Schönberg. Zemlinsky hat immer zugestanden, daß Schönberg auch ohne ihn seinen Weg gegangen wäre; nie hat er sich auf seine Rolle als Lehrer

---

10 A. Zemlinsky, Persönliche Erinnerungen; in: Musikblätter des Anbruch, 4. Jg., 1922, S. 69 f.
11 J. Brahms, Briefe an Fritz Simrock, hrsg. von M. Kalbeck, Bd. 4 (J. Brahms, Briefwechsel, Bd. 12), Berlin 1919, S. 212.

Schönbergs berufen. Und so ist auch der Ton der „Jugenderinnerungen“ Zemlinskys, in denen er seine Begegnung mit Schönberg schildert: „Es sind über 30 Jahre her, daß musikbegeisterte Studenten in Wien ein Amateurorchester gründeten, es stolz Polyhymnia nannten und mich zu ihrem Dirigenten wählten. Das Orchester war nicht groß. Ein paar Violinen, eine Bratsche, ein Cello und ein Contrabaß — eigentlich nur ein halber. Aber so unbescheiden wir sonst waren, mit unseren Leistungen waren wir sehr zufrieden. Wir waren alle musikhungrig und jung, und musizierten, recht und schlecht, jede Woche einmal drauflos. Nun, solche Vereine hat es immer gegeben; das war nichts Ungewöhnliches. Jedoch an dem einzigen Cellopult saß ein junger Mann, der ebenso feurig wie falsch sein Instrument mißhandelte (das übrigens nichts Besseres verdiente — es war von seinem Spieler um sauer ersparte drei Gulden am sogenannten Tandelmarkt in Wien gekauft), und dieser Cellospieler war niemand anderer als Arnold Schönberg. Damals war Schönberg noch ein kleiner Bankbeamter, der aber von diesem Beruf nicht allzuviel Gebrauch machte und seinen Musiknoten den Noten in der Bank den Vorzug gab. So lernte ich Schönberg kennen und bald entwickelte sich aus der Bekanntschaft eine intime Freundschaft. Wir zeigten uns gegenseitig unsere Arbeiten; Schönberg komponierte in jener Zeit schon alles Mögliche, wie Violinsonaten, Duette, Chöre für Arbeitervereine und hauptsächlich Lieder. Diese Kompositionen sind alle Manuskript geblieben, und ganz wenige Freunde haben sie kennengelernt. Sein erstes größeres Opus war ein Streichquartett; ein Stück, noch stark von Brahms beeinflußt, in einem Mittelsatz aber bereits eigene Töne anschlagend. Ich war zu dieser Zeit Vorstandsmitglied des Wiener Tonkünstlervereins, dem Brahms als Ehrenpräsident vorstand. Ich schlug Schönbergs Quartett zur Aufführung vor und setzte schließlich auch eine Aufführung an einem nichtöffentlichen Vereinsabend durch. Ich glaube, der Erfolg war groß. Jedenfalls, man horchte auf und der Name Schönberg sprach sich, zunächst in Musikerkreisen, herum.“[12]

Mit keinem Wort erwähnt Zemlinsky, daß er Schönberg unterrichtet und gerade bei der Komposition des Streichquartetts beraten hat. Schönberg selbst hat in seinem Rückblick von 1949 bekannt: „Der dritte meiner Freunde, Alexander von Zemlinsky, ist derjenige, dem ich fast all mein Wissen um die Technik und die Probleme des Komponierens verdanke. Ich habe immer fest geglaubt, daß er ein großer Komponist war, und ich glaube noch immer fest daran. Möglicherweise wird seine Zeit früher kommen, als man denkt.“[13] Wenn auch die Situation des Nachrufs, in der Schönberg „fast all sein Wissen“ um die Kompositionstechnik dem toten Freund verdanken möchte, zur Emphase verleitet haben mag, so muß man davon doch soviel gelten lassen, daß Zemlinsky als Komponist für Schönberg zeit seines Lebens eine Autorität war.

---

[12] A. Zemlinsky, Jugenderinnerungen; in: Arnold Schönberg zum 60. Geburtstag 13. September 1934, [Wien 1934], S. 33 f.

[13] A. Schönberg, Rückblick; in: Stimmen, Monatsblätter für Musik, 1. Jg., Berlin 1949, S. 433.

Wie weit die Bekanntschaft Zemlinskys mit Schönberg zurückreicht, läßt sich nicht mehr genau feststellen; doch dürfte die erste Begegnung im Winter 1895/96 stattgefunden haben, nachdem der Wiener Organist und Theorielehrer Josef Labor Schönberg empfohlen hatte, sich mit der Bitte um Unterweisung in Musiktheorie an Zemlinsky zu wenden. Zemlinsky unterrichtete Schönberg einige Monate im Kontrapunkt, beriet ihn aber auch bei seinen Kompositionen. Aus den zahlreichen Liedkompositionen dieser Zeit wurden lediglich zwei zur Veröffentlichung ausgewählt, die als op. 1 mit der Widmung „Meinem Lehrer und Freund Alexander von Zemlinsky" erschienen. Jene frühen unveröffentlichten Lieder, deren Edition innerhalb der Schönberg-Gesamtausgabe gerade vorbereitet wird, lassen im Ausreifen einer formbezogenen Harmonik Zemlinskys helfende Hand vermuten[14]. Eines dieser Lieder, „Das zerbrochene Krüglein" nach einem Text von Martin Greif, trägt am Schluß des Manuskripts die Bemerkung „Sehr gut" in Zemlinskys Handschrift; auch die geringfügigen Korrekturen zu Beginn des Liedes, die die Akkordlagen in der Klavierbegleitung verändern, stammen wohl von seiner Hand[15]. Neben den Werken der Tradition benutzte Zemlinsky auch seine eigenen Kompositionen als Studienmaterial. Er ließ Schönberg Reinschriften seiner Arbeiten anfertigen, so z. B. des Liedes „Das verlassene Mädchen" aus seinem op. 2[16], vor allem aber beauftragte er Schönberg mit der Herstellung des „Sarema"-Klavierauszuges für die Uraufführung in München[17]. Diese Arbeit war nicht nur ein Freundschaftsdienst Schönbergs, vielmehr verfolgte Zemlinsky mit dieser Aufgabe wohl das pädagogische Ziel, Schönberg mit der Partitur des großen spätromantischen Orchesters vertraut zu machen. Bisher hatte Schönberg nämlich nur für kammermusikalische Besetzungen komponiert, z. B. jenes unbekannte Notturno — wohl für Streichorchester —, das Zemlinsky am 2. März 1896 in einem Konzert der „Polyhymnia" aufgeführt hatte[18]. Die erste Komposition, die Schönberg auch später noch gelten ließ, wenngleich er sie nicht veröffentlichte, war ebenfalls ein Kammermusikwerk: das Streichquartett D-dur, das im Herbst 1897 in Payerbach entstand. Als Schönberg nach Wien kam, zeigte er das Quartett Zemlinsky, der zu einer gründlichen Revision riet[19]. Der Uraufführung der Zweitfassung in einem nichtöffentlichen Konzert des Tonkünstlervereins am 15. März 1898, von der Zemlinsky in seinen „Jugenderinnerungen" berichtet, folgte am 20. Dezember des gleichen Jahres die erste öffentliche Aufführung in einem Abonnementkonzert des Fitzner-Buxbaum-Quartetts; es ist anzunehmen, daß Zemlinskys Freundschaft mit Friedrich Buxbaum dem Werk den Weg

---

14 Freundliche Mitteilung von Ivan Vojtěch, Prag.

15 Autograph in der Schoenberg-Nachod Collection der North Texas University, Denton, Texas.

16 Moldenhauer-Archiv, Spokane, USA.

17 Der Klavierauszug, zum großen Teil in Schönbergs Handschrift, befindet sich in der Bayerischen Staatsbibliothek, München.

18 Neues Wiener Tagblatt vom 9. 3. 1896.

19 Siehe Vorwort zur posthumen Ausgabe London 1966 von O. W. Neighbour.

in die Öffentlichkeit erleichtert hat, und daß auch später die ersten Schönberg-Aufführungen des Rosé-Quartetts durch diese Freundschaft zustande kamen. Demnach hatte Zemlinsky als bereits arrivierter Musiker bis ins erste Dezennium des neuen Jahrhunderts entscheidenden Anteil an Schönbergs Einführung in die musikalische Öffentlichkeit, sein Einfluß als Lehrer dagegen ging wesentlich früher zurück; der kurze geregelte Unterricht wandelte sich bald zu freier Diskussion der vorgelegten Arbeiten. Mit der Komposition der „Verklärten Nacht" von 1899 bewies Schönberg seine künstlerische Unabhängigkeit, die Konzeption der Gurrelieder setzte er bereits gegen Zemlinskys Bedenken durch[20].

„Jung-Wien"

Zu Beginn der neunziger Jahre bahnte sich in Wien ein tiefgreifender Wandel des kulturellen Lebens an. Aus den Ländern Westeuropas erreichten neue künstlerische Strömungen wie Neoimpressionismus, Symbolismus und Art nouveau (Jugendstil) die Wiener Szene, fanden unter der Propaganda des rührigen, in den Augen von Karl Kraus allzu wendigen Hermann Bahr schnell Verbreitung und prägten sich schließlich innerhalb weniger Jahre in einer ungeheuer reichen Produktion aus, die Wien nicht nur den Ruf einer Musikstadt, sondern einer universalen Kunstmetropole eintrug: Es erscheinen die Lyrik des jungen Loris[21] und Dramen Schnitzlers wie „Anatol" und „Liebelei", Altenbergs Skizzen „Wie ich es sehe", Leopold von Andrians Novelle „Der Garten der Erkenntnis" und Beer-Hofmanns berühmt gewordenes Gedicht „Schlaflied für Miriam"; in der bildenden Kunst wendet sich der Architekt Otto Wagner gegen den eklektizistischen Historismus und fordert eine funktionsgerechte Formgebung, und eine Gruppe junger Künstler verläßt 1897 unter der Führung Gustav Klimts das konservative „Künstlerhaus" und gründet die „Secession". Auch das musikalische Leben Wiens erfährt einschneidende Veränderungen durch den Tod Anton Bruckners (1896) und Johannes Brahms' (1897) und die Ernennung eines neuen Hofoperndirektors: Gustav Mahler. So unterschiedlich die Intentionen dieser Generation im einzelnen auch waren (oder sich in der Zukunft erwiesen), zunächst einmal schienen sie vereint gegen das Alte, den Historismus, Naturalismus, Klassizismus. Mit der Auflehnung gegen die Väter der Gründerjahre verband sich die trügerische Hoffnung, Kunst könne, wenn schon nicht die äußere Welt verbessern, so doch den Menschen vor den Beschädigungen bewahren, die ihm im Konflikt mit der Umwelt drohen. Am ausgeprägtesten erschien diese Idee im Jugendstil, jener „Villenkunst", die des Menschen Heim zu einem Reich der Schönheit stilisierte, einem hortus conclusus, der von den Häßlich-

---

[20] A. Schönberg, Briefe, ausgewählt u. hrsg. von E. Stein, Mainz 1958, S. 128.
[21] Pseudonym des jungen Hofmannsthal.

keiten des Alltags abgeschlossen war. Diese räumliche und psychische „Verinnerlichung" barg die Gefahr des Realitätsverlustes in sich. Sie war ein Ansatzpunkt für die Kritik von Karl Kraus und Adolf Loos, aus der später Schönberg für seine ästhetischen Anschauungen radikalere Konsequenzen gezogen hat als Zemlinsky.

All diese neuen künstlerischen Strömungen, die nur im ersten Augenblick der „Aufbruchsstimmung" wie ein Stil scheinen mochten, hatten jedoch einen gemeinsamen Bezugspunkt in der Vergangenheit — Richard Wagner. Die Konzeption des Jugendstils, alle Künste zur Ästhetisierung des Lebens zu vereinen, knüpfte an die Idee des Gesamtkunstwerkes an. Wie in einem Labyrinth Maeterlincks führten von den Bestrebungen der Symbolisten, das Wort von seiner Begrifflichkeit zu befreien und die Sprache zu musikalisieren, viele geheime Gänge zurück in die Vergangenheit zu Wagners Ideal der gegenseitigen Durchdringung von Musik und Dichtung[22].

Die Auseinandersetzung mit Wagner eröffnete in Zemlinskys und Schönbergs Entwicklung eine neue Phase. Schönberg berichtet: „Als ich [Zemlinsky] kennenlernte, war ich ausschließlich Brahmsianer. Er aber liebte Brahms und Wagner gleichermaßen, wodurch ich bald darauf ebenfalls ein glühender Anhänger beider wurde."[23] Nun zeigt Zemlinskys erste Oper „Sarema", deren Komposition 1895 beendet wurde, wohl Einflüsse des frühen Wagner, jedoch keine des „Tristan" und der späteren Musikdramen. Die Auseinandersetzung mit dem „Tristan"-Stil wurde angeregt durch die Diskussionen eines Kreises begeisterter Wagner-Anhänger im Café „Griensteidl", das Zemlinsky in Begleitung seines Freundes gelegentlich besuchte. Und hier, im Café „Größenwahn", wie es im Volksmund hieß, saßen die Exponenten „Jung-Wiens" beisammen: Hermann Bahr, der publizistische Herold der Bewegung, Schnitzler, Hofmannsthal, Andrian, Beer-Hofmann, Felix Salten und Leo Feld; aber auch Peter Altenberg, Otto Stoessl, Adolf Loos und Karl Kraus, die sich allerdings bald von dem engeren Kreis der „Jung-Wiener" Bewegung abwandten[24].

Die Adaption des „Tristan"-Stils setzte bei Zemlinsky wohl etwas früher ein als bei Schönberg, aber sie vollzog sich behutsamer als bei diesem: ein Stück wie „Verklärte Nacht" hat Zemlinsky nicht geschrieben. Die Aneignung neuer kompositionstechnischer Mittel erschloß neue Ausdrucksmöglichkeiten, die zunächst in Vertonungen von Gedichten erprobt wurden, deren Autoren der neuen literarischen Bewegung nahestanden. Neben Texten von unbedeutenderen Mitgliedern des Kreises wie denen Karl von Levetzovs (Schönbergs op. 1) vertonten Schönberg und Zemlinsky Gedichte Hugo von Hofmannsthals und Richard Beer-Hofmanns, vor allem aber solche der Kronzeugen der neuen

---

22 Siehe W. Vordtriede, Novalis und die französischen Symbolisten, Stuttgart 1963, S. 158 ff.
23 A. Schönberg, Rückblick, a. a. O., S. 434.
24 Siehe K. Kraus, Die demolirte Litteratur, Wien 1896; Neudruck Steinbach 1972, mit einem Nachwort hrsg. von D. Kimpel.

Bewegung, Richard Dehmels und Jens Peter Jacobsens; dabei fiel die Wahl beider bisweilen auf dieselben Texte, z. B. wurden eines der „Gurrelieder“ Jacobsens („Mit Toves Stimme flüstert der Wald“) und Hofmannsthals Gedicht „Die Beiden“ von Schönberg und Zemlinsky komponiert. So wirkte die neue Literatur als Katalysator für die Entwicklung eines neuen musikalischen Stils, und bezeichnenderweise lag der Schwerpunkt im Schaffen der beiden Freunde um diese Zeit auf der Komposition von Liedern.

Mit der Übernahme Wagnerscher Stilmittel wuchs die Ablehnung der beiden Komponisten in klassizistischen Kreisen. Als Zemlinsky 1899 im Tonkünstlerverein, wo er inzwischen Vorstandsmitglied geworden war, eine Aufführung von Schönbergs „Verklärte Nacht“ vorschlug, wurde das Werk abgelehnt mit der Begründung: „Das klingt ja, als ob man über die noch nasse Tristan-Partitur darüber gewischt hätte.“[25] Zemlinskys zweite Oper „Es war einmal“ nach der gleichnamigen Märchenkomödie des Dänen Holger Drachmann rügte Hanslick anläßlich der Uraufführung an der Wiener Hofoper: „Muß denn immer gewagnert sein!“[26] Nach der Ablehnung der „Verklärten Nacht“ verzichtete Schönberg darauf, die „Gurrelieder“, die ursprünglich als Liederzyklus mit Klavierbegleitung angelegt waren, bei einem Kompositionswettbewerb des Tonkünstlervereins einzureichen; er änderte die Konzeption — dies bereits gegen Bedenken des ehemaligen Lehrers Zemlinsky[27] —, und es entstand ein großes Werk für Soli, Chor und Orchester. Der Bruch mit dem Tonkünstlerverein bahnte sich an: 1903 schied Zemlinsky aus dem Vorstand aus, kurze Zeit später kündigte er auch seine Mitgliedschaft auf[28].

Zemlinsky wurde gegen Ende der neunziger Jahre durch die Armut seiner Familie gezwungen, sein Leben als „freischaffender Künstler“ aufzugeben; er mußte eine Anstellung als Kapellmeister am Wiener Carltheater annehmen, an dem fast ausschließlich Operetten gespielt wurden. Um zusätzlich Geld zu verdienen, instrumentierte er — wie Schönberg — Operetten; das prominenteste Stück, das sein orchestrales Kostüm Zemlinsky verdankt, ist Heubergers „Opernball“[29]. Außerdem gab er weiterhin Privatunterricht in Klavier und Komposition; zu seinen Schülern zählten damals der Komponist Karl Weigl, Arthur Bodanzky (in den dreißiger Jahren Dirigent an der Metropolitan Opera) und der Musikschriftsteller Rudolf Stefan Hoffmann[30].

Unter seinen Kompositionsschülern erweckte eine junge Dame sein Interesse: Alma Schindler, die von Wiens Geistesgrößen umschwärmte Tochter des österreichischen Landschaftsmalers Emil J. Schindler und spätere Frau von

---

25 A. Zemlinsky, Jugenderinnerungen, a. a. O., S. 34.

26 E. Hanslick, Aus neuer und neuester Zeit (Der modernen Oper IX. Teil), Berlin 1900, S. 46.

27 Siehe Anmerkung 20.

28 Rechenschaftsbericht des Ausschusses des Wiener Tonkünstlervereines für das 19. Vereinsjahr, 1903/04, Wien 1904.

29 K. Kraus, Die Fackel, Nr. 90, Wien 1901, S. 27.

30 Um 1910 unterrichtete Zemlinsky auch kurze Zeit den jungen Erich Wolfgang Korngold und instrumentierte dessen Ballettpantomime „Der Schneemann“.

Gustav Mahler, Walter Gropius und Franz Werfel. Natürlich verliebte sich auch Zemlinsky in sie, sein op. 7 „Irmelin Rose und andere Gesänge" von 1899 hat er ihr gewidmet. Wohl war er von ihrer Liebenswürdigkeit gefangen, zugleich aber fühlte er sich durch die gesellschaftlichen Ambitionen der jungen „dame fatale" inkommodiert. Derlei wäre nicht weiter von Belang, hätte nicht Zemlinsky die Unausgeglichenheit ihres Kompositionsstils mit der ihres Verhaltens verglichen; in nonchalanter Diktion kritisiert er einen Sonatensatz Almas: „Im Ganzen fehlten charakteristische Themen! Beide, das des Hauptsatzes sowohl als das des Seitensatzes, sind Gesangsthemen: sie sollten aber stark gegensätzlich sein! Mit welchem rhythmischen Motiv sollte man da die Durchführung bestreiten? Kräftiger! energischer! Nicht immer säuseln: immer Chokolade, getrocknete Früchte, weißes Kleid beim Souper, Königin der Gesellschaft: daraus werden im besten Falle Seitensätze und reiche Bräute! Ein wenig Mißerfolge, eventuell ‚Häßlichkeit', vielleicht auch Liebesweh, Sorgen des Alltags und Strenge für die Liebenswürdigkeit anderer und die eigene Weichheit: Das wird mitunter auch ein lebenskräftiger Hauptsatz!!"[31]

Die umfangreiche Korrespondenz Zemlinskys mit Alma aus den Jahren um 1900 zeigt einen lebensmutigen, bisweilen übermütigen jungen Mann, der seiner von geistreicher Konversation verwöhnten Freundin mit Ironie und Witz, aber auch Charme und Einfühlsamkeit zu begegnen weiß; er ist sich seines musikalischen Talents bewußt und gibt sich entsprechend selbstsicher. In den kritischen Situationen der Beziehung, besonders in der Phase, in der er Alma an den von ihm so sehr verehrten Gustav Mahler verliert, neigt er dazu, sich in sich zurückzuziehen und die Probleme zu verinnerlichen, ein Wesenszug, der sich in seinem weiteren, an Enttäuschungen reichen Leben verfestigen sollte.

Mit Alma besucht Zemlinsky die Philharmoniker-Konzerte und die Hofoper; die Aufführungen unter der Leitung Gustav Mahlers hinterlassen in ihm einen unauslöschlichen Eindruck und werden Vorbilder für seine eigene künstlerische Tätigkeit als Kapellmeister (noch in den zwanziger Jahren borgte er sich von Alma Mahlers Partitur und Orchestermaterial der IX. Symphonie Beethovens, da er diese nur mit den Retouchen Mahlers aufführen wollte). Im Umgang mit Alma, deren Stiefvater Carl Moll zu den Gründungsmitgliedern der Secession zählte, wird Zemlinsky mit dem Wiener Jugendstil näher bekannt; in seinen Briefen schwärmt er von den Bildern Klimts und plant sogar eine symphonische Dichtung nach dessen „Christusbildern". Zu einer „Parsifal"-Aufführung pilgert er — auf dem Fahrrad — von Wien nach Bayreuth. Nietzsche ist der Gegenstand eifriger Diskussionen, und während Almas Sommeraufenthalt auf dem Lande berichtet Zemlinsky aus Wien über das Gastspiel des Berliner „Deutschen Theaters", während dessen er u. a. Hauptmanns „Michael Kramer" und Tolstois „Macht der Finsternis" erlebt.

---

[31] Autograph in The Charles Patterson Van Pelt Library der University of Pennsylvania, Philadelphia. Abdruck mit freundlicher Genehmigung von Frau Louise Zemlinsky und Frau Anna Mahler.

Ernst von Wolzogen lernt er anläßlich eines Gastspiels des Berliner Kabaretts „Überbrettl“ im Carltheater kennen. Für das „Überbrettl“ komponiert Zemlinsky einige Lieder und eine Pantomime[32]. Vielleicht kam auch Schönbergs Engagement beim „Überbrettl“ durch Zemlinskys Vermittlung zustande. Jedenfalls zog Schönberg ein halbes Jahr nach dem Wiener Gastspiel des „Überbrettl“ im Dezember 1901 nach Berlin, nachdem er kurz vorher Zemlinskys Schwester Mathilde geheiratet hatte[33].

Höhepunkt der schöpferischen Auseinandersetzung Zemlinskys mit der „Jung-Wiener“ Bewegung war die Komposition von Hofmannsthals Ballett „Der Triumph der Zeit“, das Hofmannsthal ursprünglich Richard Strauss angeboten hatte[34]. Die wesentlichen Teile der Komposition entstanden in der ersten Hälfte des Jahres 1901; Zemlinsky hielt Alma in seinen Briefen über den Fortgang auf dem laufenden. Allerdings erlebte das Ballett keine Aufführung, da Hofmannsthals Versuch, Mahler für die Uraufführung zu interessieren, scheiterte. In einem ausführlichen Brief[35] berichtete Hofmannsthal Zemlinsky von seiner entscheidenden Unterredung mit Mahler, in der die tiefgreifenden Divergenzen in der Kunstanschauung beider deutlich geworden waren. Hofmannsthal begründete Zemlinsky gegenüber Mahlers Abneigung gegen sein Libretto damit, daß dieser in seiner Anschauung von der Bühnenkunst zu sehr in dem von der Wagnerschen Kunsttheorie übernommenen Begriff der Gestalt befangen sei, um jenes allegorische Spiel mit typisierten Figuren schätzen zu können. Selbst die Fürsprache Almas, die inzwischen mit Mahler verlobt war, vermochte Mahlers Bedenken nicht zu zerstreuen. Obwohl die Chancen für eine Aufführung nicht eben günstig standen, komponierte Zemlinsky das Ballett zu Ende und führte die Musik als Suite an einem Abend des Wiener Konzertvereins auf[36].

In dieser „Jung-Wiener“ Zeit verbanden sich für Zemlinsky die Liebe zu Alma, die neuen künstlerischen Eindrücke und die eigene Produktivität zu einem glücklichen Erlebnis, das Zemlinsky verklärt in der Erinnerung bewahrte. Alma Mahler gestand er in späteren Jahren: „Wenn ich mich an ein paar Takte des Balletts erinnere, namentlich an den Anfang, so spüre ich auch heute genau die Stimmung. Diese sonnige Stimmung jener Tage!“[37]

---

[32] Undatierte Briefe Zemlinskys an Alma Schindler; siehe Anmerkung 31.

[33] 7. 10. 1901; siehe W. Reich, Arnold Schönberg oder der konservative Revolutionär, Wien 1968, S. 23.

[34] Richard Strauss — Hugo von Hofmannsthal, Briefwechsel, Gesamtausg., im Auftrag von Fr. und A. Strauss hrsg. von W. Schuh, Zürich 1964, S. 15 f.

[35] Freies Deutsches Hochstift, Frankfurt; Teilabdruck in: „Autographen“, Katalog 580 der Firma Stargardt, Marburg 1967, S. 51.

[36] 18. 2. 1903; Jahresbericht des Wiener Concertvereines über das Vereinsjahr 1902/03, Wien 1903, S. 26. Hofmannsthal versuchte Oscar Bie, den Lektor des S. Fischer-Verlages, für eine Aufführung des allegorischen Mittelteils des Balletts zu interessieren. Siehe: Almanach. Hugo von Hofmannsthal, Briefwechsel mit Max Rycher, Samuel und Hedwig Fischer, Oscar Bie und Moritz Heimann. Das 87. Jahr, Frankfurt 1973, S. 81 f.

[37] Undatiert (1910); siehe Anmerkung 31.

Doch diese Stimmung verflog damals bald. „Jung-Wien", das im unmittelbaren Erleben als einheitliche Bewegung erscheinen mochte und noch aus historischer Distanz als ein glücklicher Augenblick in der Geschichte Österreichs anmutet, zerfiel in widerstreitende Richtungen; vielleicht war es überhaupt mehr Fiktion der Wiener Feuilletonisten und ihres spiritus rector Hermann Bahr gewesen als in einem einheitlichen Stil begründete Realität. Jedenfalls wurde die Aufbruchsstimmung von der politischen Entwicklung widerlegt; denn seit 1897 der letzte aussichtsreiche Versuch, den Nationalitätenstreit zu schlichten, mit Kasimir Badenis Sprachregelung gescheitert war, wurde das politische Klima rauher, und es gewannen deutschnationale Kräfte an Einfluß, wie die Christlichsoziale Partei des Wiener Bürgermeisters Karl Lueger, die überdies nicht frei von antisemitischen Tendenzen war.
Zunächst waren es vor allem Karl Kraus und Adolf Loos, die ihren Kombattanten von ehedem unter der Hülle der Stilkritik mangelnden Realitätsbezug vorwarfen. Hofmannsthal, der wohl als ein Exponent „Jung-Wiens" galt, sich jedoch nie aus seiner vornehmen Zurückgezogenheit mit irgendeiner „Bewegung" solidarisierte, reflektierte in seinem berühmt gewordenen Essay „Ein Brief" (des Lord Chandos) den Zerfall von Sprache und Wirklichkeit, das Auseinanderrücken der Dinge und Wörter. Unter dem Druck der Realität zerfiel auch der Jugendstil in eine ornamentale und eine funktionsorientierte Richtung; während erstere im Laufe der Zeit in floralen Arabesken erstarrte, vermittelte letztere den Übergang zur „Neuen Sachlichkeit". Die Abspaltung des Künstlerbundes „Hagen" von der Secession im Jahre 1901 war äußeres Anzeichen dieser Entwicklung.
Die musikalische Avantgarde Wiens, die sich gegen die klassizistische Clique durchsetzen mußte, fand in dem 1903 gegründeten „Ansorge-Verein" ein neues Forum. Conrad Ansorge, ein Schüler Franz Liszts, stand dem Berliner Kreis von Schriftstellern nahe, der die Jugendstilzeitschrift „Pan" betreute, und war mit Vertonungen von Lyrik dieser Dichter hervorgetreten, die freilich in literarischen Kreisen mehr Aufmerksamkeit erregten als in musikalischen[38]. Aber um die Jahrhundertwende übte das kulturelle Leben Berlins in Wien bereits eine große Anziehungskraft aus — bezeichnenderweise war zu dieser Zeit der Preuße Paul Schlenther Direktor des Wiener Burgtheaters —, und so gründeten der Musikkritiker Paul Stefan und der Regisseur Wilhelm von Wymetal den Ansorge-Verein, um jene „Berliner Art" musikalischer Lyrik in Wien zu propagieren. Obwohl Zemlinsky „Zweifel an der Kraft von Ansorges Musik" gehegt zu haben scheint[39], unterzeichnete er den Gründungsaufruf und stellte sich als Pianist für die Liederabende zur Verfügung. Da es aber laut Satzung Aufgabe des Vereins war, „jede große Kunst alter und neuer Zeit zu pflegen", machte das allzu private Anliegen der Initiatoren allgemeineren Zielvorstellungen Platz, was sich auch in dem neuen Namen „Verein

---

38 Siehe St. Przybyszewski, Conrad Ansorges Liederdichtungen; in: „Pan", 3. Jg., Heft 1, Berlin 1897, S. 54 ff.
39 P. Stefan, Das Grab in Wien, eine Chronik 1903—1911, Wien 1911, S. 24.

für Kunst und Kultur" niederschlug. Richard Dehmel und Detlef von Liliencron wurden zu Dichterlesungen eingeladen; in diesen Veranstaltungen wurden auch Lieder auf Texte des jeweiligen Dichters vorgetragen, darunter Kompositionen Zemlinskys und Schönbergs. Konzerte des Vereins fanden in den Ausstellungsräumen des Künstlerbundes „Hagen" statt; Raum und Bild, Wort und Musik verbanden sich in stilkongruentem Rahmen zu einem „Feste des Lebens und der Kunst", wie es dem ästhetischen Ideal des Jugendstils entsprach[40].

Da aber die musikalischen Veranstaltungen den „Verein für Kunst und Kultur" zu sehr belasteten, gründeten Zemlinsky und Schönberg, der inzwischen aus Berlin zurückgekehrt war, die „Vereinigung schaffender Tonkünstler", die freilich auch nur während der Saison 1904/05 bestand. In dem Zirkular, durch das die Gründung bekanntgegeben wurde, heißt es: „Die Mehrzahl der schaffenden Tonkünstler Wiens hat . . . beschlossen, eine Vereinigung zu bilden, welche den Zweck hat, das unmittelbare Verständnis zwischen sich und dem Publikum zu schaffen, der Musik der Gegenwart in Wien eine ständige Pflegestätte zu bereiten, das Publikum in fortlaufender Kenntnis über den jeweiligen Stand des musikalischen Schaffens zu halten."[41] Zemlinsky wurde Obmann des Vereins, Schönberg sein Stellvertreter, und wie der Tonkünstlerverein seinerzeit Brahms zum Ehrenpräsidenten gewählt hatte, so gelang es der „Vereinigung schaffender Tonkünstler", Gustav Mahler zu ihrem Ehrenpräsidenten zu gewinnen.

Der väterliche Freund: Gustav Mahler

Die Beziehung zwischen Zemlinsky und Mahler reicht in das Jahr 1897 zurück. Bereits damals interessierte sich Mahler nach dem Erfolg der „Sarema" für den jungen Komponisten und ließ in München anfragen, ob er das Werk während seiner Deutschlandtournee sehen könne. Eine Aufführung der „Sarema" in Wien kam nicht zustande, aber Mahler nahm Zemlinskys nächstes Bühnenwerk, die Märchenoper „Es war einmal", zur Uraufführung an der Hofoper an. Nachdem Mahler Musik und Text im Einvernehmen mit Zemlinsky überarbeitet hatte, wurde die Oper am 31. Januar 1900 unter seiner Leitung uraufgeführt. Daß Mahler Zemlinskys Ballettkomposition nicht aufführte, beweist sein künstlerisches Verantwortungsbewußtsein, das die Bedenken gegen Hofmannsthals Szenar höher stellte als den Wunsch, seinen jüngeren Kollegen durch eine Aufführung mit zweifelhaften Erfolgsaussichten zu „fördern". In den Orchesterkonzerten der „Vereinigung" dirigierte Mahler eigene Lieder sowie die Wiener Erstaufführung der „Sinfonia domestica" von

[40] P. Behrens, Feste des Lebens und der Kunst, eine Betrachtung des Theaters als des höchsten Kultursymbols, Jena 1900. Siehe auch P. Stefan, Das Grab in Wien, a. a. O., S. 34 u. 40.

[41] W. Reich, Arnold Schönberg . . ., a. a. O., S. 33.

Strauss, Schönberg die Uraufführung seiner symphonischen Dichtung „Pelleas und Melisande" und Zemlinsky die Uraufführung seiner Orchesterphantasie „Die Seejungfrau" (nach einem Märchen Christian Andersens).
Seit der Zusammenarbeit in der „Vereinigung" vertiefte sich der persönliche Kontakt zwischen Mahler und Zemlinsky und dessen Freund Schönberg. Beide verkehrten häufig in Mahlers Haus, besuchten ihn während seiner Sommeraufenthalte in Maiernigg und nahmen regen Anteil an seinem Schaffen. Zemlinsky fertigte den Klavierauszug zu Mahlers VI. Sinfonie an, begleitete ihn nach Prag zu den Proben und der Uraufführung der VII. Sinfonie und nach Graz zur österreichischen Erstaufführung der „Salome". Mahler nahm Zemlinskys dritte Oper „Der Traumgörge" — nach einem Libretto von Leo Feld — zur Uraufführung an.
Im Gründungsjahr der „Vereinigung" 1904 hatte Zemlinsky nach vier Jahren Operetten-Fron eine Stellung erhalten, die seinen Fähigkeiten angemessen war: er war erster Kapellmeister der Volksoper geworden, die Rainer Simons im gleichen Jahr ins Leben gerufen hatte. Endlich bot sich Zemlinsky die Gelegenheit, das Opernrepertoire zu erarbeiten. An der Wiener Volksoper gelangen Zemlinsky denkwürdige Aufführungen, die auch von der Kritik lobend anerkannt wurden; und die musikalische Öffentlichkeit begrüßte, daß der Spielplan der Hofoper eine Ergänzung erfuhr, wenngleich die Kräfte für eine echte Konkurrenz nicht ausreichten. Bei der Zusammenarbeit mit den Sängern und Instrumentalisten der Volksoper, die den von Zemlinsky gestellten anspruchsvollen Aufgaben manchmal kaum gewachsen schienen, entwickelte Zemlinsky jene minuziöse Probentechnik, die ihm später ermöglichte, Werke der Wiener Schule mit Musikern auszuführen, die mit dem neuen Stil ähnliche Schwierigkeiten haben mochten wie ehedem ein mäßig begabter Tenor der Volksoper mit der Partie des Tannhäuser.
Im Frühjahr 1907 verpflichtete Mahler schließlich Zemlinsky an sein Haus, da dessen Erfolge an der Volksoper dieses Engagement rechtfertigten und den etwaigen Vorwurf der Protektion entkräfteten. Im Herbst debütierte Zemlinsky an der Hofoper mit Verdis „Otello" und sein „Traumgörge" wurde einstudiert, dessen Uraufführung für das Frühjahr 1908 geplant war. Da reichte Mahler zum Ende des Jahres 1907 seine Demission als Hofoperndirektor ein, eine Entscheidung, die Zemlinsky schwer traf. An Alma Mahler schrieb er: „... schließlich geht jetzt leider Ihr langjähriger Wunsch in Erfüllung: Direktor Mahler geht von der Oper weg! und dann fängt meine Leidensgeschichte an. Ich kann mir vorläufig gar nicht vorstellen, wie es überhaupt wird und für mich im Besonderen. Für mich ist das direkt ein Unglück zu nennen! ich weiß genau, was ich für alle Fälle, wer immer der Nachfolger sein wird, verliere. Ich bin auch in einer furchtbaren Verfassung."[42]
Nachfolger Mahlers wurde der allzu gewandte Felix Weingartner, der bemüht war, alles möglichst anders zu machen als Mahler. So wurde auch die

---

[42] Undatiert (1907); siehe Anm. 31.

Uraufführung von Zemlinskys Oper abgesetzt. Mahler schrieb Zemlinsky aus Amerika: „Lieber Freund! ... Leider waren mir die Mitteilungen über Ihre Abenteuer mit dem neuen Regime nicht unerwartet. Trotzdem hätte ich nicht gedacht, daß W. sein Versprechen, vor allem anderen Ihre Oper herauszubringen, so ohneweiters ignorieren werde. Das ist fatal für Sie, wie ich mir leicht konstruieren kann. Überhaupt fühle ich mich sehr mitschuldig, wenn auch ‚ohne Schuld'. Und ich habe sehr häufig Gewissensbisse. Aber — wer konnte das alles voraussehen!"[43] Zemlinsky bat, maßlos enttäuscht, um seine Entlassung, die Weingartner „sehr gerne" bewilligte[44], und kehrte zur Spielzeit 1908/09 an die Volksoper zurück.

1906 heiratete Zemlinsky Ida Guttmann, die Schwester seiner Jugendliebe Melanie Guttmann; aus dieser ersten Ehe stammte Zemlinskys einziges Kind, Johanna, das 1908 geboren wurde. Ida Zemlinsky starb 1929 in Berlin. Ein Jahr später heiratete Zemlinsky dort die Prager Sängerin Luise Sachsel (geb. 1900), die heute in New York lebt.

Während des zweiten Engagements an der Wiener Volksoper gipfelte Zemlinskys Kapellmeistertätigkeit in den Wiener Erstaufführungen von Dukas' „Ariane et Barbe-Bleue" nach Maeterlincks gleichnamigem Drama — bei der Einstudierung assistierte ihm Franz Schreker — und von „Salome", deren Aufführung an der Hofoper von der Zensur verboten worden war. Bereits während seines zweiten Engagements an der Wiener Volksoper setzte also Zemlinsky Novitäten im Spielplan durch, um auch in der Oper über die zeitgenössische Produktion zu informieren, eine Konzeption zur Erziehung des Publikums, die er dann in Prag noch intensiver durchführen konnte.

Auch die Produktion des Komponisten Zemlinsky erreicht in dieser Zeit einen Höhepunkt: Um das Jahr 1908 entsteht die Oper „Kleider machen Leute", der die Kellersche Novelle zugrunde liegt und die sicher die lebensfähigste Oper Zemlinskys ist; sie wird 1910 an der Volksoper unter der Leitung des Komponisten uraufgeführt. Im gleichen Jahr erklingen erstmalig der „23. Psalm" für Chor und Orchester mit dem Wiener Philharmonischen Chor unter der Leitung Franz Schrekers und die Maeterlinck-Gesänge (in der Klavierfassung), die vielleicht neben der „Lyrischen Symphonie" aus den zwanziger Jahren zu den bedeutendsten Kompositionen Zemlinskys zählen.

„Welt der Gestalten lang Lebewohl! ..."

Die Demission Mahlers unterbrach freilich nicht nur Zemlinskys Karriere an der Hofoper, sondern signalisierte für Zemlinsky — und nicht nur für ihn — das Ende einer Ära, die als letzte von der Hoffnung getragen war, die Kunst

---

[43] G. Mahler, Briefe, hrsg. von A. M. Mahler, Berlin 1924, S. 445.

[44] Weingartner in einem Telegramm; Haus-, Hof- und Staatsarchiv Wien, Akte Oper 260/1908.

könne mit dem Weltlauf zusammenstimmen. Doch die politischen und gesellschaftlichen Entwicklungen widersprachen dieser Hoffnung in zunehmendem Maße: Die fortschreitende Industrialisierung hatte die gemütliche Wienerstadt mit ihren ländlichen Vororten, die der „Spaziergänger" Eduard Pötzl liebevoll geschildert hat, in eine Großstadt mit tristen Arbeitervierteln verwandelt. Seit Einführung der längst überfälligen Wahlrechtsreform (1907) bestimmten die Interessenkonflikte zwischen Adel, Bürgertum und Arbeiterklasse die innenpolitischen Auseinandersetzungen, ohne daß der Nationalitätenstreit dadurch an Heftigkeit verloren hätte. Unter dem Druck dieser Spannungen nahm die österreichische Politik zu einem außenpolitischen Aktivismus Zuflucht, der in der Annexion Bosnien-Herzegowinas (1908) gipfelte. Und war die Ermordung des österreichischen Thronfolgers in Sarajewo der Anlaß zum Krieg, so war die Intransingenz des Habsburgerreiches gegenüber den Slawen innerhalb und außerhalb seiner Grenzen eine der tieferen Ursachen für den Ausbruch des Ersten Weltkrieges.
Die Verhärtung der innen- und außenpolitischen Gegensätze schuf ein Klima, in dem das Vertrauen in einen vernünftigen Zusammenhang der Welt immer mehr schwand. Die Künstler wandten sich von der äußeren Welt ab, um ihre eigene zu schaffen. Für die Entwicklung der modernen Kunst war dieser Rückzug aus der Realität bestimmend, dessen Wurzeln allerdings weit ins 19. Jahrhundert zurückreichen. Novalis hatte den „Weg nach Innen" gewiesen[45], den noch Anton Webern beschritt[46]: Der Künstler gleicht dem Bergmann, der tief ins Bergesinnere hinabsteigen muß, um sein „Inneres Reich" zu entdecken, einen künstlichen Garten metallischer Pflanzen[47]. Erhob Novalis noch den Anspruch auf eine Poetisierung der Welt, so verwandelte Baudelaire jenen künstlichen Garten in sein „paradis artificiel" — Gegenwelt der technischen Zivilisation und deren tristes Abbild zugleich[48]. Stefan George, dessen Lyrik von dem Formbewußtsein der französischen Symbolisten entscheidend geprägt wurde, hat in gemeißelter Sprache jene der Wirklichkeit entrückte Welt, den künstlichen Garten, immer wieder beschworen:

> „Welt der Gestalten lang Lebewohl! . . .
> Öffne dich Wald voll schlohweißer Stämme!
> Oben im Blau nur tragen die Kämme
> Laubwerk und Früchte: gold Karneol."

Diese Verse eröffnen Anton Weberns „Fünf Lieder nach Gedichten von Stefan George op. 4", eines der ersten atonalen Werke des Komponisten. Gerade zu

---

[45] Siehe W. Kohlschmidt, Der Wortschatz der Innerlichkeit bei Novalis; in: Form und Innerlichkeit. Beiträge zur Geschichte und Wirkung der deutschen Klassik und Romantik, Bern 1955, S. 120—156.

[46] A. Webern, Briefe an Hildegard Jone und Josef Humplik, hrsg. von J. Polnauer, Wien 1959, S. 10: „So bin ich auch gänzlich Ihrer Meinung, wenn Sie sagen: ‚Wir müssen zu glauben kommen, daß es nur weiter geht nach *Innen*'."

[47] Vgl. W. Vordtriede, Novalis, a. a. O., S. 43 ff.

[48] Siehe W. Vordtriede, Novalis, a. a. O., S. 46 ff.

Im „Grenzland zwischen Einsamkeit und Gemeinschaft"[10]

So glänzend auch die äußeren Erfolge Zemlinskys in Prag waren, in seiner Hoffnung, durch den Wechsel nach Prag der Einsamkeit zu entfliehen, die ihn in der in Künstlersekten gespaltenen Wiener Gesellschaft zuletzt umgeben hatte, sah er sich getäuscht. Die Prager Deutschen führten eine insulare Existenz. Als Angehörige des gehobenen Bürgertums gehörten sie wohl zur „Gesellschaft", aber zu keinem Volk. Nach dem Verfall des österreichischen Liberalismus, zu dessen Hochburgen Prag im 19. Jahrhundert gezählt hatte, spaltete sich die Deutschprager Bevölkerung in eine Vielzahl von Splittergruppen deutschnationaler, liberaler und zionistischer Prägung. „Die ganze Stadt war wie verhext, auf unerklärliche Weise schien sie von selbst in Partikeln zu zerfallen. ... Die Kreise um jeden einzelnen waren ja so eng, die Mauern unübersteiglich", erinnerte sich ein Zeitgenosse[11]. Die Vereinsamung des Einzelnen innerhalb einer in Kasten erstarrten Gesellschaft und das Ghettodasein in einer tschechischen Stadt förderten unter den Prager Deutschen eine besonders wache Sensibilität für die Krise der Epoche. Das Endzeitgefühl fand seinen Ausdruck in der weltweit beachteten Prager deutschen Literatur, zu der Rainer Maria Rilke, Max Brod, Franz Kafka, Hermann Broch, Franz Werfel und Egon Kisch zählten. Für die kastische Struktur der Deutschprager Gesellschaft war bezeichnend, daß Zemlinsky zu dem literarischen Zirkel des Café Arco, Franz Werfel ausgenommen, keine nähere Verbindung hatte; der Kontakt zu Max Brod etwa war so flüchtig, daß Zemlinsky, als er erwog, jenen um ein Libretto für sich zu bitten, zunächst in Wien den Direktor der Universal-Edition, Emil Hertzka, um Vermittlung bat, statt sich persönlich an Brod zu wenden.

Diese Distanz war freilich nicht nur in der gesellschaftlichen Struktur der Stadt begründet. 1911, also in dem Jahr, in dem Zemlinsky seine künstlerische Tätigkeit in Prag begann, war Franz Werfels Gedichtband „Der Weltfreund" erschienen, eines jener Werke, die den literarischen Expressionismus ankündigten. Prag wurde ein Zentrum der neuen Bewegung; eines ihrer Hauptwerke, Walter Hasenclevers Drama „Der Sohn", wurde 1916 in Prag auf der Bühne des Nostizschen Palais uraufgeführt[12]. Aber ebensowenig wie zu der versteinerten Welt Georges fand Zemlinsky Zugang zum Expressionismus, dessen sprachlicher Umsturz, Revolte gegen die Tradition und Verherrlichung der Gewalt so vollkommen seinem Temperament und seiner vom Geist des fin de siècle geprägten Bildung widersprach. In Prag öffnete sich Zemlinsky nicht mehr

---

[10] Fr. Kafka, Tagebücher, hrsg. von M. Brod, Frankfurt am Main 1951, S. 548.

[11] W. Haas, Die Prager deutsche Gesellschaft vor dem Weltkrieg; in: Prager Montagblatt 27. 12. 1937, 5. Beilage, S. 1—2; zitiert nach: K. Krolop, Zur Geschichte und Vorgeschichte der Prager deutschen Literatur des „expressionistischen Jahrzehnts"; in: Weltfreunde. Konferenz über die Prager deutsche Literatur, hrsg. von E. Goldstücker, Prag — Neuwied 1967, S. 51.

[12] H. Teweles, Theater und Publikum. Erinnerungen und Erfahrungen von ..., Prag 1927, S. 218.

in dem Maße dem Einfluß der wechselnden Kunstrichtungen, wie dies in Wien der Fall gewesen war.

Das distanzierte Verhältnis zum Expressionismus und die Schwierigkeit, die neuen geistigen Strömungen zu verarbeiten, machten sich in Zemlinskys Unsicherheit bemerkbar, sich für einen Opernstoff zu entscheiden. Viele Sujets erwog er, begann manches zu komponieren und gab dann die Arbeit wieder auf. Er bat Franz Schreker, mit dem ihn seit der Jugend ein herzliches Verhältnis verband, um ein Libretto („Die Gezeichneten")[13], fertigte selbst ein Szenar nach Kellers Novelle „Der schlimm-heilige Vitalis" an und plante eine Oper nach Balzacs Roman „Peau de chagrin". Aber während der langen Prager Zeit schrieb er schließlich nur zwei Einakter nach Vorlagen von Oscar Wilde, „Eine florentinische Tragödie" op. 16 (1914/15) und „Der Zwerg" op. 17 (1921). Außer diesen beiden Opern entstanden noch drei weitere Werke in Prag: das 2. Streichquartett op. 15 (1912/13), die „Lyrische Symphonie" op. 18 (1922) und das 3. Streichquartett op. 19 (1924). Die sechzehn Jahre in Prag waren mit fünf Werken weniger produktiv als die früheren und späteren, wenngleich diese Kompositionen zu den bedeutendsten Zemlinskys zu rechnen sind. Aber in Prag nahm die Arbeit am Theater Zemlinsky derart in Anspruch, daß er — wie seinerzeit Mahler — nur während der Sommermonate zum Komponieren kam. Die Kriegsereignisse scheinen seine Produktivität fast ganz gelähmt zu haben; denn mit Ausnahme der „Florentinischen Tragödie" hat Zemlinsky zwischen 1914 und 1918 kein größeres Werk komponiert.

Der Erste Weltkrieg traf Zemlinsky weniger hart als seine Wiener Freunde, da er nicht zum Militär eingezogen wurde. Schönberg und Webern zu helfen, nutzte er seinen ganzen Einfluß. Webern, der in der ersten vaterländischen Begeisterung seine Enthebung vom Militärdienst rückgängig gemacht und sich freiwillig gemeldet hatte, bat Zemlinsky, durch das Deutsche Theater neuerlich seine Enthebung zu erwirken. Der Antrag des Theaters bei der Prager Militärkommandatur wurde bewilligt und Webern konnte am 12. August 1917 endlich sein erstes Engagement in Prag antreten, das freilich nur wenige Monate dauerte[14]. Etwa zur gleichen Zeit geriet Schönberg in große finanzielle Schwierigkeiten, da er in Wien weder eine feste Anstellung noch genügend Privatschüler fand. Zemlinsky bat Emil Hertzka um Hilfe (siehe Faksimile S. 8): „Nun etwas Wichtiges, Dringendes: Die Katastrophe Schönberg. Sie wissen ja wahrscheinlich, daß zu der Kündigung dieser Frau Lieser auch noch die Annullierung der Enthebung Sch[önbergs] dazugekommen ist. Er steht nun samt Familie nahezu brotlos da. *Es muß etwas geschehen!* Ich werde hier alles in Bewegung setzen, womöglich auch trachten, durch das hiesige Theater seine Enthebung zu veranlassen. Aber das ist zu wenig, fast nichts. Nun dachte

---

13 Undatierter Brief Zemlinskys an Schreker; Österreichische Nationalbibliothek, Wien. Ein Vertrag über dieses Libretto, das Schreker dann doch selbst komponierte, befindet sich im Archiv der Universal Edition, Wien.

14 Siehe Fr. Wildgans, Biographische Tabelle; in: die Reihe 2, Informationen über serielle Musik, Anton Webern, hrsg. von H. Eimert unter Mitarbeit von K. Stockhausen, S. 9.

ich mir aus: Es müßte Ihnen ein Leichtes sein, ihm, entweder durch Ihre Bank, oder durch Ihre Verbindung mit Millionären, mit den *Gurreliedern* als *Pfand*, einige Tausende fürs Erste zu verschaffen: ... Ich erwarte Ihre Meinung darüber in größter Spannung. Eile tut jetzt sehr not."[15] Ende 1917 erhielt Schönberg eine größere Summe, eine zweite kleinere folgte im Frühjahr 1918[16].
Trotz der harten persönlichen Opfer, die der Krieg von ihm forderte, beurteilte Schönberg die militärische Lage der Mittelmächte günstiger als Zemlinsky: „Deine Besorgnisse über die Kriegslage teile ich, obwohl ich sehr pessimistisch bin, nicht. Du bist wahrscheinlich von vielen Miesmachern umgeben, und es ist ja zu begreifen, daß man in Prag ängstlich ist."[17] Tatsächlich war die Stimmung unter den Prager Deutschen während des Krieges gedrückt; denn wie der Krieg auch enden mochte, weder ein tschechischer Nationalstaat, noch eine siegreiche Monarchie, die ihre Nationen verstärkten Pressionen aussetzen würde, schienen ihnen wünschenswert. Die Aussichten auf eine günstige politische Zukunft war den Deutschen in Prag nicht mit dem Verlust, sondern bereits mit dem Ausbruch des Krieges geschwunden.
Mit der Niederlage der Mittelmächte am Ende des Ersten Weltkrieges war der Untergang der österreichisch-ungarischen Monarchie unabwendbar. Unter den osteuropäischen Kleinstaaten, die nach dem Krieg entstanden, war die Tschechoslowakei der wirtschaftlich stärkste Staat, der allerdings das Nationalitätenproblem von der untergegangenen Monarchie geerbt hatte. Die Situation der Deutschen in Böhmen änderte sich grundlegend, aus dem staatstragenden Volk war eine Minorität geworden, die auf die Kooperation mit den Tschechen mehr denn je angewiesen war. Dies galt besonders für die Deutschen in Prag; denn während die Sudetendeutschen mit zunehmender Verschärfung des Nationalitätenstreites schließlich auf die Angliederung an das Deutsche Reich hinarbeiteten, schien ein derartiges Ziel der Enklave in Prag illusorisch, vielmehr suchte sie den Ausgleich mit dem neuen „Staatsvolk". So blieb Prag in der Tschechoslowakei das einzige Zentrum der liberalen „Deutschen Demokratischen Fortschrittspartei", mit der auch Zemlinsky sympathisierte[18].
Zemlinsky war in Prag als der Repräsentant des deutschen Musiklebens um ein gutes Verhältnis zwischen deutschen und tschechischen Musikern bemüht. Dies war allein schon deshalb notwendig, weil das Orchester des Deutschen Theaters Verstärkungen und Substitute vom Orchester des tschechischen Nationaltheaters bezog. Zwischen beiden Bühnen bestand eine Absprache des Repertoires, beim Landestheater lag natürlich der Schwerpunkt auf der deutschen Oper, beim Nationaltheater auf der tschechischen und italienischen.

---

15 Undatierter Brief Zemlinskys an Emil Hertzka (1917); Archiv der Universal Edition, Wien. Abdruck mit freundlicher Genehmigung der UE.
16 Dankschreiben Schönbergs an Zemlinsky vom 20. 12. 1917 und 7. 2. 1918; Privatbesitz.
17 Brief Schönbergs an Zemlinsky vom 9. 1. 1915; Privatbesitz.
18 Brief Zemlinskys an Alma Mahler, undatiert (ca. 1923); The Charles Patterson Van Pelt Library, University of Pennsylvania, Philadelphia.

Aber wie die Tschechen die Opern von Richard Strauss spielten, so nahm Zemlinsky als erster Werke tschechischer Komponisten in das Repertoire der deutschen Oper auf, z. B. 1925 Smetanas „Verkaufte Braut". Vor dieser Aufführung hatte eine Kommission, der tschechische und deutsche Musiker angehörten, mehrere deutsche Übersetzungen des tschechischen Librettos begutachtet. In einem Brief an Zdeněk Nejedlý, den Vorsitzenden, entschuldigte sich Zemlinsky für sein Fernbleiben von einer Sitzung und übermittelte sein Urteil über die vorgelegten Texte: „Ich habe die Textproben alle genauest durchgesehen und auf Deklamation zur Musik geprüft. Sie sind fast alle ungleichmäßig in ihrem diesbezüglichen Wert. Am relativ besten finde ich noch die von Batka. Was die Übertragung aus dem Czechischen anbelangt, habe ich natürlich kein Urteil."[19]

Im Frühjahr 1922 wurde Zemlinsky vom tschechischen Komponistenverband („Klub českých skladatelů") zu einem Vortrag über „Neue tschechische Musik" eingeladen[20], und als im gleichen Jahr die „Internationale Gesellschaft für Neue Musik" gegründet wurde, schlossen sich der tschechische Verein für moderne Musik („Spolek pro moderní hudbu") und der „Verein für musikalische Privataufführungen", dessen Vorsitzender Zemlinsky war, zur tschechoslowakischen Sektion dieser Gesellschaft zusammen. Der deutschen Subsektion, also dem „Verein", gehörte als Vorstandsmitglied Václav Talich, der Chefdirigent der Tschechischen Philharmonie, an[21]. 1923 wurde Zemlinsky erstmals gebeten, dieses Orchester als Gast zu leiten[22]; seither wurde er oft ans Pult des tschechischen Spitzenorchesters gebeten[23].

Nach dem Krieg verlor das Deutsche Theater zwar die traditionsreiche Bühne im Nostizschen Palais an die Tschechen, aber das „Neue Deutsche Theater" erhielt auch von der Regierung der neuen Republik Subventionen. Die 1920 gegründete „Deutsche Akademie für Musik und darstellende Kunst", an der Zemlinsky die Meisterklasse für Komposition leitete, wurde ebenfalls von dem tschechoslowakischen Staat finanziell unterstützt. Für die Erhaltung der deutschen Kunstinstitute hatte sich der Präsident der Republik Tomáš Masaryk, der nicht verleugnen mochte, was die tschechische Kunst der deutschen verdankte, persönlich eingesetzt. Zemlinsky hat dies später, als er schon in Berlin lebte, dankbar anerkannt: „Meine Erinnerung an die schwerste Zeit des deutschen Theaters in Prag ist für immer mit der verehrenswürdigen Erscheinung des Präsidenten Masaryk verknüpft. Seinem Interesse für Kunst und seinem unbedenklich fördernden Eingreifen in die damals sehr gefährdete

---

[19] Nejedlý-Archiv, ČSAV, Prag.

[20] Brief Erich Steinhards an Zd. Nejedlý; Nejedlý-Archiv, ČSAV, Prag.

[21] Das Internationale Musikfest Prag 1924, Eine Sammlung von Studien und Aufsätzen, Redakteur K. B. Jirák, hrsg. von der tschechoslowakischen Sektion der Internationalen Gesellschaft für Neue Musik, Prag 1924, S. 109.

[22] Brief Zemlinskys an Leopold Kramer, Direktor des Neuen Deutschen Theaters in Prag; undatiert (Sommer 1923); Moldenhauer-Archiv, Spokane, USA.

[23] Siehe A. Mahler, Alexander Zemlinskys Prager Jahre, a. a. O., S. 246 f.

Zur Zeit der ersten Erfolge.
München 1897.

Nach dem Kriege.
Prag 1919.

Der Operndirektor.
Prag 1925.

Auf der Flucht.
Prag 1939.

Situation des Theaters ist es zu danken, daß es auf demselben Niveau weitergeführt, vielleicht sogar überhaupt erhalten werden konnte."[24]

Der Prager Verein für musikalische Privataufführungen

Hatten sich in Prag nach dem Umsturz die kulturellen Beziehungen zwischen Tschechen und Deutschen erstaunlich gebessert, so waren die Prager Deutschen in der neuen Situation mehr denn je auf den Rückhalt aus Deutschland und Österreich angewiesen. Daher versuchte Zemlinsky den Kontakt zum Schönberg-Kreis zu institutionalisieren: für die Spielzeit 1920/21 engagierte er zum zweitenmal Anton Webern[25], der jedoch wiederum nur wenige Monate in Prag blieb; 1918 bis 1925 wirkte der Schönberg-Schüler Heinrich Jalowetz als Zemlinskys rechte Hand in Prag; dritter Kapellmeister aus dem Schönberg-Kreis war in den zwanziger Jahren Josef Trauneck.

Im Frühjahr 1922 wurde in Prag der „Verein für musikalische Privataufführungen" nach dem Vorbild des gleichnamigen Vereins Schönbergs in Wien gegründet. Obmann war Zemlinsky, auf dessen Vorschlag Schönberg zum „Ehrenpräsidenten" ernannt wurde. Der Gründung waren einige Gastspiele des Wiener Vereins vorausgegangen; so gastierten die Wiener Musiker 1921 mit „Pierrot lunaire" in Prag, ohne daß es diesmal zu einem Skandal kam wie 1913 im Rudolfinum[26]. Die Veranstaltungen des Prager Vereins wurden nicht ausschließlich, aber doch vorwiegend von Musikern des Wiener Vereins bestritten. Die Satzung entsprach der des Wiener Vorbildes: auch in Prag waren Beifalls- und Mißfallensbekundungen untersagt und die Presse hatte zu den Konzerten keinen Zutritt. Wie in Wien Erwin Stein, so nahm sich in Prag Georg Alter der Organisation an; wichtige künstlerische Entscheidungen, z. B. das Programm betreffend, fielen zwischen Zemlinsky und Schönberg. Meinungsverschiedenheiten über die Programmgestaltung waren nicht eben selten, wie die Korrespondenz zwischen beiden beweist. So scheiterte z. B. ein Vortrag Josef Matthias Hauers über Zwölftonmusik, den Schönberg angeregt hatte, am Veto Zemlinskys, der der neuen Kompositionstechnik mit Skepsis begegnete. Zemlinsky monierte auch die Häufigkeit Regerscher Werke in den Programmen, die Schönberg jedoch zu rechtfertigen suchte: „Reger muß meines Erachtens viel gebracht werden; 1. weil er viel geschrieben hat, 2. weil er schon tot ist und man noch immer nicht Klarheit über ihn besitzt (Ich übrigens halte ihn für ein Genie)."[27]

Das erste Konzert des Prager Vereins fand am 25. Mai 1922 statt, auf dem Programm stand wieder Schönbergs „Pierrot lunaire". Von Zemlinsky erklan-

---

[24] A. Zemlinsky, Masaryk und das Neue Deutsche Theater; in: Neuer Morgen, 1. 3. 1930, S. 8.
[25] die Reihe 2, a. a. O., S. 9.
[26] Siehe A. L. Ringer, Schoenbergiana in Jerusalem; in: The Musical Quarterly, 59. Jg., 1973, S. 1 ff.
[27] A. Schönberg, Briefe, a. a. O., S. 81.

gen in späteren Konzerten sein zweites Streichquartett op. 15 und die Maeterlinck-Lieder op. 13, gesungen von Felicie Hüni-Mihacsek. Anläßlich der Einstudierung von Hofmannsthal-Liedern Zemlinskys schrieb Webern, der „Vortragsmeister“ des Wiener Vereins: „Hochverehrter Herr Zemlinsky! noch bin ich ganz erfüllt von dem tiefen erschütternden Eindruck Ihrer Lieder. Ich habe sie mit Frau Mihacsek studiert und mich dabei ununterbrochen in Exstase befunden. Die Wunder dieser Gestalten klingen noch unausgesetzt in mir. Ganz besonders: ‚Noch fühl ich ihren Atem auf den Wangen ...‘. Mit allen Kräften arbeitete ich daran, eine Darstellung zu erzielen, die Ihnen womöglich restlos genügte. ... Wie glücklich nun war ich, als ich erfuhr, daß Sie zufrieden waren; daß Ihnen Fr. Mihacseks Gesang und Darstellung sehr gefallen hätten. Die Musikalität dieser Frau ist ganz enorm und ich glaube auch ihr Gestaltungsvermögen ist außerordentlich.“[28]

Die Konzerte des Vereins gaben in den Jahren 1922 bis 1925 einen detaillierten Überblick über die zeitgenössische Produktion, besonders aber der der Wiener Schule: Eduard Steuermann spielte Schönbergs Kammersymphonie in seiner Klavierbearbeitung und dessen Klavierstücke op. 11 und op. 19; er begleitete Marya Freund bei einem Liederabend mit Schönbergs op. 6 und dem „Buch der hängenden Gärten“ nach Stefan George op. 15. Zemlinsky führte in einem Orchesterkonzert Schönbergs Orchesterstücke op. 16 und die Bearbeitung zweier Choralvorspiele von Bach auf; in einem Philharmonischen Konzert des Theaters erklangen 1925 die „Drei Bruchstücke für Gesang und Orchester aus Wozzeck“. Das 1922 gegründete Kolisch-Quartett spielte in Prag alle bisher komponierten Streichquartette der Wiener Schule[29].

Die intensive Pflege der Musik der Wiener Schule fand ihren Prager Höhepunkt mit der Uraufführung von Schönbergs Monodram „Erwartung“. Das ursprünglich schon für 1923 geplante Vorhaben mußte zunächst verschoben werden, aber als im gleichen Jahr in Salzburg das Musikfest der „Internationalen Gesellschaft für Neue Musik“ 1924 nach Prag vergeben wurde, schrieb Zemlinsky sofort an seinen Chef, Direktor Kramer, der nach dem Kriege die Leitung des Theaters übernommen hatte: „Aber das Wichtigste, was uns angeht und Sie sehr interessieren muß, ist, daß die Delegiertenversammlung den Beschluß gefaßt hat, das nächstjährige Musikfest zu teilen, d. h. das Kammermusikfest in Salzburg (August) u. im Mai 3 Orchesterkonzerte auch für zeitgenössische Musik in Prag zu machen. ... Wir *müssen* aber mittun, denn es ist eine Sache, die in der Weltpresse ihr Echo findet. Ich möchte aber den Gästen, die von auswärts kommen sollen, noch außerdem Gelegenheit geben eine besondere Aufführung unseres Theaters zu zeigen [sic]. Und da dachte ich mir, daß wir eine Aufführung der „Erwartung“ v. Schönberg unbedingt bis zu dieser Zeit herausgebracht haben.“[30]

---

[28] Brief Weberns an Zemlinsky vom 24. 11. 1922, Moldenhauer-Archiv, Spokane, USA. Abdruck mit freundlicher Genehmigung von Dr. Hans Moldenhauer.

[29] Siehe A. L. Ringer, a. a. O., S. 9 ff.

[30] Brief Zemlinskys an L. Kramer vom 11. 8. 1923; Moldenhauer-Archiv, Spokane, USA. Abdruck mit freundlicher Genehmigung von Dr. Hans Moldenhauer.

Über die Einstudierung der „Erwartung", der der Ruf unüberwindlicher Schwierigkeiten vorausging, äußerte sich Zemlinsky später: „Aber nach meiner Erfahrung ist das Schwerste überwunden, wenn zwei Künstler, eine Sängerin und ein Dirigent, die von dem hohen Wert dieses Werkes überzeugt sind, sich ganz dem Studium zum völligen Gelingen hingeben; ein Dirigent, der nicht aus irgendwelchen Interessen von seinem Chef befohlen, mit dem Orchester mitwitzelnd probiert, und eine Sängerin, die nebst einer schönen Stimme — die Partie muß unbedingt schön gesungen werden — über ein starkes dramatisches Gestaltungsvermögen verfügt. Ist diesen Anforderungen Genüge geschehen, dann ist auch das Schwerste überwunden. Der Orchesterpart ist nicht viel schwerer gesetzt als der anderer moderner Werke, und hat den Vorteil überdies, daß er, wundervoll gesetzt, nahezu von selbst klingt. Das Einstudieren des orchestralen Teiles hatte ich folgendermaßen disponiert: ich teilte das Orchester in ganz kleine Gruppen ein, die einzeln eingeübt wurden."[31]
Die Uraufführung der „Erwartung" fand am 6. Juni 1924 im „Neuen Deutschen Theater" statt, die Solopartie sang Marie Gutheil-Schoder. Zwei Tage zuvor war in einem Orchesterkonzert Zemlinskys „Lyrische Symphonie" uraufgeführt worden; auf dem Programm standen außerdem Adagio und Scherzo aus Mahlers unvollendeter X. Symphonie[32].

Der Dirigent

Die Einstudierung der „Erwartung" mit den Kräften des „Neuen Deutschen Theaters" bildete hinsichtlich der technischen Schwierigkeiten, die zu überwinden waren, einen Höhepunkt seiner Prager Tätigkeit. Die musikalischen Höhepunkte jedoch waren unzweifelhaft die Opern Mozarts, dem Zemlinskys besondere Liebe und ständiges Bemühen auf dem Theater galt — so wie im Konzertsaal Gustav Mahler. Zemlinsky muß Mozart unvergleichlich musiziert haben; der „Prager Mozartstil" war in den zwanziger Jahren in aller Munde. Gewährsmann dieses Ruhms ist Igor Strawinsky, der sich bis ins hohe Alter einer Aufführung von „Figaros Hochzeit" erinnerte, die er während des Musikfestes der Internationalen Gesellschaft für Neue Musik erlebt hatte: „Aber ich glaube, von allen Dirigenten, die ich gehört habe, würde ich Alexander von Zemlinsky als den überragenden Dirigenten

---

31 A. Zemlinsky, Einige Worte über das Studium von Schönbergs „Erwartung"; in: Pult und Taktstock. Fachzeitschrift für Dirigenten, 4. Jg., 1927, S. 44 f.

32 Zwischen Zemlinsky und Alma Mahler war eine Beendigung der Instrumentation von Mahlers X. Sinfonie durch Zemlinsky im Gespräch; es ist ungewiß, ob Zemlinsky diese Arbeit durchführte und ob seine Bearbeitung der Prager Aufführung zugrunde lag. Siehe undatierten Brief Zemlinskys an Alma Mahler in The Charles Patterson Van Pelt Library der University of Pennsylvania, Philadelphia: „..ich bin mit großer Freude einverstanden, diese Arbeit zu machen und schließlich die endgültige Herausgabe zu besorgen. Ich meine auch, daß man in einer kleinen Vorrede wahrheitsgemäß erklärt, daß Retouchen angebracht wurden, weil etc. etc. Meinst Du nicht auch? —"

wählen, der die höchsten Ansprüche erfüllte; und das ist ein reifes Urteil. Ich erinnere mich einer Aufführung von ‚Figaros Hochzeit' unter seiner Leitung in Prag als des befriedigendsten Opernerlebnisses meines Lebens."[33]
Ähnlich äußerte sich Schönberg 1914 gegenüber Emil Hertzka nach der Aufführung seiner Orchesterlieder op. 8: „Aber Zemlinsky ist sicher der erste lebende Dirigent. Ich hörte eine wundervolle ‚Parsifal'-Aufführung von ihm und sah ihm zu, Tschaikowsky und ‚Tod und Verklärung' studieren und dirigieren. Es ist unglaublich, was er aus solchem nicht einmal erstklassigen Material herauspreßt."[34]

War Zemlinskys Probentechnik durch peinlich genaue Arbeit gekennzeichnet, so verstand er es dennoch, die erarbeiteten Details in einer einheitlichen Konzeption zu verbinden. Nach der zweiten „Pelleas"-Aufführung in Prag schrieb Schönberg an seinen Freund: „Ich habe sehr viel gelernt bei diesen Proben. Ich sagte Dir schon, daß ich sie so eigentümlich gefunden habe, ohne daß ich sagen könnte, woraus diese Eigentümlichkeit bestand. Ich glaube, es ist das vollkommen Ungezwungene. Man sieht gar nicht, daß Du einen Plan hast oder ein Ziel und sieht erst am Schluß, daß Du beides erreicht hast."[35]
Schönberg und sein Schülerkreis haben von Zemlinskys Dirigier- und Probentechnik gelernt. Dies bezeugt auch ein Bericht über das oben erwähnte Konzert in der tschechischen Musikzeitschrift „Hudební revue": „Es war ergreifend, mit welch unermeßlicher Teilnahme und Aufmerksamkeit das ganze Gefolge der älteren und jungen Kapellmeister des deutschen Theaters die Werke und deren Einstudierung und Aufführung durch Zemlinsky in den Partituren verfolgt hat: Theumann, Dr. Jalowetz, Webern, Schwartz."[36] Zweifellos hat Webern für seine eigene dirigentische Tätigkeit entscheidende Impulse von Zemlinsky erhalten. Auch tschechischen Musikern war Zemlinsky als Dirigent Vorbild; 1916 heißt es in der gleichen tschechischen Zeitschrift: „Zemlinsky hat bei uns eine Schule geschaffen."[37] Aus dieser „Schule" ging unter anderen Otakar Ostrčil, der Chefdirigent des Nationaltheaters, hervor.

Obwohl Zemlinsky nach dem Zeugnis seiner Zeitgenossen beim Dirigieren rhythmisch-melodische Artikulation und dynamische Schattierungen bis ins kleinste Detail dem Orchester zu suggerieren wußte, war er jenem choreographischen Nachzeichen von Musik, das in den zwanziger Jahren in Mode kam und bis heute geblieben ist, abhold; Dirigieren hatte für ihn lediglich die Funktion, die Verständigung unter den Musikern, nicht aber die zwischen Werk und Publikum zu vermitteln. Im Zusammenhang mit Zemlinskys Abneigung gegen das aufkommende Pultvirtuosentum sei eine Begebenheit erwähnt, derer sich der Schönberg-Schüler Josef Trauneck aus seiner Kapellmeisterzeit

---

[33] Igor Strawinsky, On Conductors and Conducting; in: Show, The magazine of the Arts, August 1964, S. 28 (Übersetzung vom Verfasser).
[34] A. Schönberg, Briefe, a. a. O., S. 43.
[35] Siehe Anm. 9.
[36] O. Nebuška in: Hudební revue, 11. Jg., 1918, S. 256.
[37] O. Nebuška in: Hudební revue, 9. Jg., 1916, S. 93.

in Prag erinnert: Trauneck dirigierte eine Operettenvorstellung, der auch Zemlinsky beiwohnte. Zwei aufeinanderfolgende Generalpausen schlug er nicht aus, sondern gab lediglich den Auftakt für den neuen Einsatz. Nach der Vorstellung stellte Zemlinsky den jungen Kapellmeister zur Rede: „Was haben Sie um Gottes willen mit den Generalpausen gemacht, an der Stelle habe ich Blut geschwitzt! Pausen sind das Wichtigste in der Musik und müssen geschlagen werden, auch wenn das nicht ‚modern' ist."[38] Über Zemlinskys Verständnis des Dirigierens sagt diese Anekdote vielleicht mehr aus als umständliche Beschreibungen seiner wohl etwas nervösen Art der Zeichengebung.
Ein Vertreter der modernen Richtung schien der Nachfolger von Heinrich Jalowetz zu sein: Hans Wilhelm Steinberg[39], eine dem Temperament Zemlinskys fremde Persönlichkeit, dem bald die Herzen des Prager Publikums zuflogen. Obwohl das Einvernehmen zwischen beiden Künstlern gut gewesen zu sein scheint, fühlte sich Zemlinsky durch diese „Konkurrenz", die den Pragern obendrein den Reiz des Neuen bot, verunsichert. Allerdings hatte sich auch der Elan, mit dem er in Prag angetreten war, im Laufe der Jahre verloren, eine allzu natürliche Entwicklung, denn die Arbeitsleistung jener Jahre vermochte niemand auf Dauer durchzuhalten. Zemlinsky suchte sich von dem Theaterbetrieb zurückzuziehen — nicht zuletzt, um zu komponieren — und erschien weniger oft am Dirigentenpult des Theaters; die Kritik sprach von „Niedergangserscheinungen am Prager Deutschen Theater"[40]. Doch auch Zemlinsky war von den Prager Verhältnissen nicht voll befriedigt. Bereits während des Krieges erklärte er Schönberg seine Absicht, Prag zu verlassen, da die künstlerischen Möglichkeiten doch zu begrenzt, das Publikum zu klein und die Ausstrahlung auf das Ausland zu gering seien[41]. Schönberg antwortete, Zemlinsky unterschätze wohl doch seine Stellung, und riet zu bleiben[42]. Als Zemlinsky sich 1923 anläßlich der „Österreichischen Musikwoche", bei der er mit großem Erfolg seine Maeterlinck-Gesänge dirigierte, in Berlin aufhielt, trat der Intendant der Berliner Staatsoper Max von Schillings, der 1916 in Stuttgart Zemlinskys Oper „Eine florentinische Tragödie" uraufgeführt hatte, an Zemlinsky heran und bot ihm die Stelle des Generalmusikdirektors an seinem Haus an; die Verhandlungen scheiterten jedoch an der Honorarfrage, da Zemlinsky angesichts der grassierenden Inflation auf einer ausreichenden Absicherung seines Gehaltes gegen die Geldentwertung bestand[43]. Als aber Otto Klemperer, der in Berlin die Oper am Platz der Republik (Krolloper) leitete, Zemlinsky verpflichten wollte, sagte dieser zu und verließ mit Ende der Spielzeit 1926/27 Prag.

---

38 Bericht von Joseph Trauneck, Wien.
39 Nach Emigration in die USA: William Steinberg.
40 E. Steinhard, Niedergangserscheinungen am Prager Deutschen Theater; in: Der Auftakt, 6. Jg., 1926, S. 134 f.
41 Brief Zemlinskys an Schönberg vom 17. 4. 1914. Privatbesitz.
42 Brief Schönbergs an Zemlinsky vom 4. 5. 1914. Privatbesitz.
43 Undatierter Brief Zemlinskys an Schönberg (1923), Library of Congress, Wash.

Zemlinsky trat sein Engagement an der Krolloper am 1. September 1927 an[1]. Zu seinen hervorragendsten Leistungen gehörten die deutschen Erstaufführungen von Ravels „Die Spanische Stunde" unter der Regie Gustaf Gründgens' und Schönbergs „Erwartung". Doch fiel es ihm schwer, sich in Berlin gegenüber der jüngeren Generation von Dirigenten (Klemperer, Kleiber, Walter, Furtwängler) zu profilieren. Am 31. August 1930 schied er aus der Krolloper aus[2], die als Pflegestätte der Moderne den Nationalsozialisten ein Dorn im Auge war und 1931 unter dem Vorwand finanzieller Einsparung geschlossen wurde. Nachdem Zemlinsky die Krolloper verlassen hatte, unterrichtete er an der Berliner Musikhochschule, zunächst als Leiter des Hochschulchores[3], dann als Lehrer für Partiturspiel[4]. Außerdem entfaltete er im In- und Ausland eine rege Tätigkeit als Gastdirigent, ein festes Engagement aber hat er nicht mehr angenommen — den Generalmusikdirektorposten in Wiesbaden lehnte er nach reiflicher Überlegung ab[5].
Kurz vor seinem Ausscheiden aus der Krolloper bekannte Zemlinsky seiner Jugendfreundin Alma über seine Situation: „Warum das alles so ist, darüber will ich nicht reden. Aber eines glaube ich mit zunehmendem ‚Alter' und darum ruhigerer Beurteilung: man ist an seinem Schicksal immer selbst Schuld — letzten Endes; oder unschuldig schuldig wenigstens. Mir fehlt sicherlich das gewisse Etwas, das man haben muß — und heute mehr denn je — um ganz nach vorne zu kommen. In einem solchen Gedränge nützt es nichts Ellbogen zu haben, man muß sie auch zu gebrauchen wissen. Aber das sind ja alles bekannte Tatsachen. Deswegen freue ich mich doch, sobald ich zum Arbeiten für mich komme, genauso wie die, die für den unmittelbaren Erfolg arbeiten. Und jetzt komme ich wieder dazu und *hoffentlich* ist es *endlich* mit meiner Theaterkapellmeisterei bald zu Ende!! Du weißt ja aus Erfahrung, was es heißt, mehr als 25 Jahre Theater!"[6]
Aus diesen Worten spricht mehr als Theatermüdigkeit. Seit dem Bruch mit Weingartner an der Hofoper hatte Zemlinsky — ein getreuer „Fackel"-Leser — sich als Opfer der Presse gefühlt[7]. Bitter beklagte er sich über die Kälte der Kritik[8] und suchte, durch eine Oper endlich den durchschlagenden Erfolg als Komponist gleichsam zu erzwingen. In geradezu beschwörenden Briefen

---

1 Generalintendanzkartei der Staatsoper Berlin.
2 Ebenda.
3 Akte II-I-223 der Registratur der Staatlichen Hochschule für Musik und darstellende Kunst Berlin.
4 Ebenda.
5 Brief Zemlinskys an Erwin Stein (UE), undatiert, mit UE-Eingangsstempel vom 19. 6. 1931; Archiv der Universal Edition, Wien.
6 Brief Zemlinskys an Alma Mahler, 6. 3. [1930]; The Charles Patterson Van Pelt Library der University of Pennsylvania, Philadelphia.
7 Brief Zemlinskys an Alma Mahler, undatiert (1909); ebenda.
8 Siehe Korrespondenz Zemlinskys mit Alma Mahler.

an die Universal-Edition, aber auch an seinen Freund Schönberg, versuchte er immer wieder neue Aktivitäten zu veranlassen, die seinen Werken zu Aufführungen verhelfen sollten. Er selbst dagegen legte sich bei der Propagierung seiner Werke in der Öffentlichkeit äußerste Zurückhaltung auf und war in Prag geradezu ängstlich bemüht, jeden Anschein zu vermeiden, er nutze seine Stellung aus, um seine Werke zu lancieren; Aufführungen eigener Kompositionen mußten ihm abgerungen werden — die vergleichsweise wenigen Aufführungen seiner Werke im Prager „Verein für musikalische Privataufführungen" bestätigen dies. Für sich selbst zu werben, war er zu stolz. Doch je länger der Erfolg auf sich warten ließ, umso verbitterter wurde er. Erst in den dreißiger Jahren löste sich diese Verbitterung, als er es aufgegeben hatte, „für den unmittelbaren Erfolg zu arbeiten" — wie es in dem Brief an Alma heißt. In dieser Resignation verbindet sich die Einsicht in die eigene psychische Konstitution mit einem an Mahler gemahnenden Bewußtsein, sein Werk werde dem Verdikt entgehen, das der „unmittelbare Erfolg" gegen es ausgesprochen hatte. Diese Hoffnung — eine Art „innerer Emigration" angesichts des Mißerfolgs, aber wohl auch der heraufziehenden politischen Barbarei — gestaltete Zemlinsky in seinem Hauptwerk der Berliner Zeit, der Oper „Der Kreidekreis" nach Klabund, deren weibliche Hauptfigur, ein Teehausmädchen, sich in alle Schicksalsschläge fügt und am Schluß zur Kaiserin erhoben wird. Und gerade diesem Werk, das den Triumph der inneren Gewißheit über das tätige Eingreifen in den Lauf der Welt besingt, schien der äußere Erfolg beschieden: wie keine andere Oper Zemlinskys wurde diese nach ihrer Uraufführung in Zürich am 14. Oktober 1933 binnen kurzer Zeit von so vielen Theatern nachgespielt oder zur Aufführung angenommen, bis sie durch die Nationalsozialisten von der Bühne verbannt wurde.

Nach Hitlers Machtergreifung kündigte Zemlinsky seine Stellung an der Berliner Musikhochschule[9] und übersiedelte mit seiner Familie nach Wien. Dort übernahm er die Leitung des „Neuen Wiener Konzertorchesters", das Hermann Scherchen 1931 zur Pflege neuer Musik gegründet hatte. Während der kurzen Zeit seines Bestehens — es mußte 1935 wegen Geldmangels aufgelöst werden — erneuerte Zemlinsky die Zusammenarbeit mit Berg und Webern, Steuermann und Kolisch. Gelegentlich dirigierte er auch als Gast die Tschechische Philharmonie in Prag. Aber hauptsächlich widmete er sich seinem kompositorischen Schaffen: in Wien entstanden zwei Liedersammlungen (op. 22 und 28), die Sinfonietta op. 23, der 13. Psalm op. 24 und das vierte Streichquartett op. 25; außerdem begann er mit der Komposition der Oper „Der König Kandaules" nach dem Drama André Gides, die er jedoch nicht mehr vollenden konnte.

Als die deutschen Truppen Österreich besetzten, floh er mit seiner Familie über Prag nach New York, wo er, den psychischen Belastungen der schreck-

---

[9] Siehe Anm. 3.

lichen Ereignisse und den körperlichen Beschwernissen der Flucht nicht gewachsen, bereits krank eintraf. Seit seiner Ankunft im September 1939 lebte er dort sehr zurückgezogen und unterhielt lediglich Kontakt zu seinem Jugendfreund Arthur Bodanzky, der an der Metropolitan Opera das deutsche Opernrepertoire dirigierte. Noch einmal stand Zemlinsky im Rampenlicht einer musikalischen Öffentlichkeit, als Dimitri Mitropoulos seine „Sinfonietta" aufführte. Aber die psychischen und körperlichen Strapazen hatten seine Gesundheit derart angegriffen, daß er bald nach seiner Ankunft in Amerika bettlägerig wurde. Schönberg, zu dem der Kontakt in den letzten Jahren abgerissen war, besuchte noch einmal seinen todkranken Freund. Nach einer langen, schweren Herzkrankheit starb Zemlinsky am 15. März 1942[10] in Larchmont bei New York.

---

10 Laut Mitteilung von Frau Louise Zemlinsky, New York; die Todesurkunde ist auf den *16.* 3. 1942 ausgestellt.

WERK

OPERN

Im Gesamtwerk Zemlinskys sind die verschiedenen musikalischen Gattungen verhältnismäßig gleichgewichtig vertreten, mit Ausnahme der Klaviermusik. Die Oper jedoch nimmt mit sieben vollendeten Werken eine dominierende Stellung ein. Und während die Entstehung von Kammermusik, Liedern und Symphonien sich jeweils um bestimmte zeitliche Schwerpunkte konzentriert, erstreckt sich die schöpferische Auseinandersetzung mit der Gattung Oper gleichmäßig über Zemlinskys ganzes Leben. Die Opern sind daher für einen Überblick über die stilistische Entwicklung des Komponisten am besten geeignet.

„Sarema", „Es war einmal", „Der Traumgörge"

Zemlinskys erste Oper „Sarema" ist in den Jahren 1894/95 entstanden und wurde am 10. Oktober 1897 am Königlichen Hof- und Nationaltheater München uraufgeführt, nachdem sie im Jahre vorher bei einem Kompositionswettbewerb, der im Auftrage des bayerischen Prinzregenten Luitpold ausgeschrieben worden war, einen zweiten Platz erreicht hatte. Dem Text liegt Rudolf Gottschalls dramatisches Gedicht „Die Rose vom Kaukasus" aus dem Jahre 1870 zugrunde, das Zemlinskys Vater mit einigem Geschick als Libretto eingerichtet hatte. Die Handlung spielt um die Mitte des vorigen Jahrhunderts im russischen Grenzland am Kaukasus:

Das Tscherkessenmädchen Sarema liebt Fürst Dscherikoff, den Befehlshaber eines russischen Forts. Um seinetwillen hat sie ihr Volk und ihren früheren Geliebten Aßlan verlassen und ist dem russischen Offizier in die feindliche Festung gefolgt. Aßlan, der Sarema noch immer liebt, schleicht nachts heimlich in das Fort, um seine Geliebte vor einem bevorstehenden Überfall der Tscherkessen zu warnen und so ihr Leben zu retten. Er wird jedoch entdeckt und von Dscherikoff, der sich von Sarema betrogen glaubt, zum Tode verurteilt; Sarema bittet um sein Leben, aber der Russe weist sie barsch zurück. Die Tscherkessin, durch die schroffe Behandlung und das Mißtrauen Dscherikoffs in ihrer Liebe verletzt, flieht zurück zu ihrem Stamm, um durch Beschleunigung des Überfalls den Vorbereitungen im russischen Fort und der Hinrichtung Aßlans zuvorzukommen. Von ihrem Volk wird sie zunächst als Abtrünnige verflucht, doch der Prophet erkennt ihre lautere Absicht und beauftragt sie mit der Führung der Krieger. Das russische Fort wird erstürmt, Aßlan befreit und Dscherikoff gefangen. Sarema erwirkt für diesen Begnadigung, sich selbst aber ersticht sie, um den Verrat, den sie durch ihre Liebe zu einem Feind des Volkes begangen hat, zu sühnen.

Ein typisches Historiengemälde der Gründerzeit also, das Assoziationen an Bilder Makarts oder Kaulbachs wachruft. Zemlinskys Komposition zeigt bereits sein dramatisches Talent: er vermag die Partien, in denen die Handlung rasch vorwärtsdrängt und keine Gelegenheit zu lyrischem Verweilen bietet, in große musikalische Bögen zu fassen und durch Kontraste zu gliedern, ohne sich an feste Formen zu binden. Die pathetischen Höhepunkte der Handlung werden freilich in jugendlichem Überschwang zu sehr auskomponiert, der schnelle Wechsel von Rede und Gegenrede dagegen erstarrt manchmal in einem zu trockenen Parlando, in dem gleiche oder allzu ähnliche Floskeln sich wiederholen. Doch abgesehen von diesen stilistischen Schwächen ist die Komposition in handwerklicher Hinsicht ausgereift. Vor allem ist die Oper effektvoll instrumentiert, ohne daß die Gesangspartien vom Orchester überdeckt würden; hier kündigt sich bereits Zemlinskys künftige Meisterschaft der Instrumentation an. Doch wie die Handlung zwar bewegt, doch kaum bewegend ist, weil die Heldin nicht als Individuum handelt, sondern zu sehr im Verhalten einer Stammesangehörigen befangen bleibt, so fehlt der Musik jene Spannung, die von der Identifikation des Komponisten mit seinen Gestalten zeugt; der musikalischen Sprache haftet der Charakter des Geliehenen, nicht ganz Empfundenen an. So sind denn auch in dieser „heroischen Oper" die gängigen Topoi der romantischen Bühne vertreten, von der pathetischen Szene der Großen Oper Meyerbeers bis zur Naturstimmung der deutschen romantischen Oper.

Die Komposition des zweiten Aktes, der im Kaukasus bei den Tscherkessen spielt, ist Zemlinsky am besten geglückt. Und bezeichnenderweise entzündet sich Zemlinskys musikalische Phantasie weniger an dem dramatischen Konflikt der Personen als an der Schilderung der Naturstimmung und des exotischen Lokalkolorits zu Beginn der ersten Szene: „Wilde Gebirgsgegend. Im Hintergrund Eisberge und Gletscher. ... Die ersten Mondstrahlen beleuchten die Szene."[1] Tonart: Ges-dur. Posaunen eröffnen im Pianissimo die Orchestereinleitung mit einem rhythmischen Motiv, das den neun Takte währenden Orgelpunkt Ges in den Posaunen gliedert; über diesem Orgelpunkt erklingen in der Harfe, von Zählzeit zu Zählzeit alternierend, die Harmonien Ges-dur und fes-moll; auf diesem Klangteppich erscheinen in Solostreichern und Holzbläsern melodische Phrasen, die sich nicht in Ges-dur, sondern ges-moll mit tiefalterierter 2. Stufe bewegen — die melodische Tonart ist in der Harmonik in zwei Aspekte auseinandergefaltet, oder umgekehrt: die im Quintenzirkel fast gegenüberliegenden Tonarten Ges-dur und fes-moll werden vermittelt durch das melodische ges-moll, das von beiden Tonarten etwa gleichweit entfernt ist. Das Changieren der Harmonik, die „neapolitanischen" Wendungen der Melodik und die „Querstände" zwischen beiden Dimensionen des Satzes begründen den orientalischen Eindruck der Musik, bilden aber ebenso das musikalische Äquivalent zu der fremdartigen, bizarren Bergwelt auf der Bühne. Bizarr ist auch die Kadenz, mit der Zemlinsky nach neun Takten versucht, die harmonischen Spannungen auszugleichen; in ihr folgen teilweise die entferntesten Tonarten aufeinander, z. B. F- und

---

1 Siehe Klavierauszug „Sarema", Wien — Leipzig 1899, S. 70.

Ces-dur, doch entbehrt die Auswahl der Tonarten nicht der Logik: es sind zwei gegenüberliegende Komplexe des Quintenzirkels ineinander verschachtelt, von der einen Seite F-dur, a-moll, G- und D-dur, von der anderen Ces-, Ges-, Des- und As-dur. Künftige Möglichkeiten, die Tonalität zwischen mehreren Zentren in der Schwebe zu belassen, sind hier vorausgeahnt. Ein derartiger harmonischer Komplex war um 1895 nicht nur für einen Vierundzwanzigjährigen bemerkenswert, und in Zemlinskys Jugendkompositionen, so weit diese erhalten sind, ist er singulär. Aber gerade darum stellt in „Sarema" die Einleitung zum zweiten Akt den fruchtbaren Augenblick dar; denn für Zemlinsky wurde sie gleichsam das Urbild musikalischer Beschwörung des Geheimnisvollen.

In seiner zweiten Oper wandte sich Zemlinsky vom historischen Sujet ab und wählte ein Genre, das sich um die Jahrhundertwende besonderer Beliebtheit erfreute: das Märchen. Zwischen 1897 und 1899 entstand die Oper „Es war einmal" nach der gleichnamigen Komödie des Dänen Holger Drachmann, die 1897 gerade in Reclams Universalbibliothek erschienen war. Die Handlung verbindet Motive des Turandot-Märchens und Shakespeares „Der Widerspenstigen Zähmung":

Die schöne, stolze Prinzessin von Illyrien weist alle Freier ab; sie hat leichtes Spiel mit ihnen, da sie ihnen an Intelligenz und Wortgewandtheit überlegen ist. Auch der Prinz von Nordland wird abgewiesen; aber er gibt nicht auf und greift zu einer List. Als Zigeuner verkleidet, schleicht er sich in das Schlafgemach der Prinzessin und läßt sich von dem Hofstaat, dem er eine entsprechende Information zuspielen ließ, dort entdecken. Der König verbannt die Prinzessin mit dem vermeintlichen Zigeuner aus dem Land. In Nordland wohnt das Paar in einer Köhlerhütte. Durch harte Entbehrungen und Sorge um das Notwendigste wird der dünkelhafte Stolz der Prinzessin gebrochen. Als sie durch das „einfache Leben" geläutert ist, gibt der „Zigeuner" sich zu erkennen. Als Königspaar herrschen fortan beide über Nordland.

Gustav Mahler hat Text und Musik der Oper vor ihrer Uraufführung an der Hofoper überarbeitet. Worin diese Bearbeitung bestand, ist nicht mehr festzustellen, aber denkbar ist, daß Zemlinsky nach der ersten, „heroischen" Oper Schwierigkeiten hatte, den volkstümlichen Charakter zu treffen, den seine Vorlage erforderte. „Volkstümlichkeit" macht sich in der Harmonik bemerkbar. Sie ist großflächiger konzipiert als in „Sarema", etwa durch ausgiebigeren Gebrauch von Orgelpunkten; in einem Takt oder einer Taktgruppe ereignen sich nicht mehr so viele harmonische Veränderungen, ohne daß die Harmonik weniger beweglich geworden wäre. Hatte sie so als „Farbkomponente" an Bedeutung verloren, so wurde die Farbigkeit der Instrumentation erhöht. Der Volkstümlichkeit entspricht auch eine durchwegs diatonische Melodik; hier hat sich wohl Mahlers Einfluß geltend gemacht. Die Herkunft des Librettos aus Skandinavien hat sich auch in der Musik niedergeschlagen: Reminiszenzen an Edvard Grieg sind nicht zu leugnen. Aber insgesamt ist die Oper für eine detaillierte Bestimmung des stilistischen Standpunktes Zemlinskys wenig geeignet, da Zemlinskys und Mahlers Intentionen nicht voneinander zu trennen sind. Jedenfalls markiert die Oper den Beginn des Einflusses Mahlers auf Zemlinsky — und damit die Abwendung vom orthodoxen Klassizismus.

Nach der Oper „Es war einmal" suchte Zemlinsky längere Zeit nach einem geeigneten Libretto, ehe es zur Zusammenarbeit mit Leo Feld (eigentlich Hirschfeld), dem Bruder des millionenschweren Operettenlibrettisten Victor Léon, kam. Feld schrieb das Libretto zu Zemlinskys dritter Oper, „Der Traumgörge".

In einem abgelegenen Dorf lebt der Pfarrerssohn Görge, der bäuerlichen Gemeinschaft und ihrer naiven Lebensart entfremdet. Seine Zeit verbringt er ganz im Bann der Bücher, die er von seinem verstorbenen Vater geerbt hat. Weltfremd träumt er die gelesenen Geschichten nach und sehnt sich nach einem anderen Leben, reich an Abenteuern und phantastischer Schönheit; „Träume müssen lebendig werden", ist seine idée fixe. Als er eines Mittags sich wieder seinen Träumen hingibt, verliert er sich in eine Traumvision, in der ihn die Erscheinung einer wunderschönen Prinzessin verlockt, hinaus in die Welt zu ziehn und diese sich zu erobern. Görge folgt dieser Vision: „Träume müssen lebendig werden." Der zweite Akt zeigt den Gescheiterten draußen in der Welt. Als „fahrender Gesell" zieht er durch die Lande, ausgestoßen von der Gesellschaft; lediglich in der als Brandstifterin und „Hexe" verleumdeten Gertraud findet er eine Leidensgefährtin. Da bestimmen aufrührerische Bauern ihn, der über die Gewalt des Wortes verfügt, zu ihrem Anführer. Endlich scheint Görge am Ziel, als Held einer Revolution seinen Traum eines erfüllten abenteuerlichen Lebens verwirklichen zu können. Doch allzu bald erkennt er, daß es den Bauern nur um Morden und Plündern zu tun ist, und als sie fordern, er solle sich von der „Hexe" trennen, zieht Görge mit Gertraud seines Wegs. Im Nachspiel ist Görge mit Gertraud in sein Heimatdorf zurückgekehrt, wo er sein Erbe angetreten und durch den Bau einer Schule die Verehrung der Gemeinde erworben hat. Glücklich lebt er mit seiner Frau im Kreise der bäuerlichen Gemeinschaft. In seiner Frau erkennt er seine „Prinzessin" und in der Idylle des Dorfes sind die Träume Wirklichkeit geworden.

Die zentralen Themen des Fin de siècle sind in dieser Oper angesprochen: das Verhältnis von Leben und Traum, Naivität und Bewußtsein, Natur und Zivilisation sind zum Problem geworden. Träume können nur — mit Novalis zu reden — „innere Wirklichkeit" werden. Daß diese innere Wirklichkeit dem Librettisten in der Schlußszene der Oper zur Idylle verkommt, ist für die Situation des Jugendstils in jenen Jahren — am Ende der „Aufbruchstimmung" — bezeichnend.
Korrespondenzen zu formalen Kriterien der Jugendstilkunst sind in einigen Momenten des musikalischen Satzes von „Traumgörge" zu erkennen[2], und zwar besonders in der zentralen Traumszene, in der Görge sich in Naturstimmungen, Erinnerungen an seine tote Mutter und schließlich in die Vision der Prinzessin verliert[3]. Der Beginn dieser Szene zeigt in Instrumentation und Harmonik Ähnlichkeit mit der Einleitung zum zweiten Akt von „Sarema": In den ersten 24 Takten ruht die Harmonik auf Des-dur, das in lang ausgehaltenen Akkorden der Hörner und Posaunen erklingt. Über dieser Grundierung aber irisiert die Harmonie zwischen Dur und Moll durch Figurationen der Klarinetten, Harfe und Celesta. Das von der Solovioline bzw. Oboe vorgetragene „Traum-Thema" korrespondiert mit diesem Dur-Moll-

---

[2] Siehe H. Weber, Jugendstil und Musik in der Oper der Jahrhundertwende; in: Die Musikforschung, 27. Jg., 1974, S. 171 ff.

[3] Der Traumgörge, Klavierauszug, Wien — New York 1906, S. 57 ff.; handschriftl. Partitur (Österreichische Nationalbibliothek, Wien), S. 133 ff.

Wechsel der Harmonie durch einen melodischen Vorhalt e — f. In den folgenden Abschnitten wird das Schwanken zwischen den gleichnamigen Tonarten auskomponiert. Zunächst folgt ein des-moll-Komplex, in den E-dur als Dur-Parallele und fis-moll als Subdominante eingebettet sind, dann ein Des-dur-Abschnitt, in dem die Moll-Parallele b-moll samt ihrer Dominante F-dur erscheint; der des-moll-Komplex wird wieder aufgenommen und dessen Subdominante fis durch die Parallele A-dur auskomponiert:

Takt	1—24	Des-des
	25—41	des-E-des, ges=fis; D, C (Trugschluß:)
	42—54	Des-b-F-b-Des
	55—76	des-E-des, fis, A-Es-dis-Es-A ...
	77—90	F-a-d-F; Des, as, b
	91—102	Fis-A-D-Fis

Anhand dieses Schemas ist die komplizierte Disposition der Harmonik zu ersehen (Großbuchstaben bedeuten Dur-, Kleinbuchstaben Moll-Tonarten); besonders sei auf die Passagen hingewiesen, in denen sich die Harmonik gleichsam im Kreise dreht (diese Harmoniefolgen sind im Schema durch Gedankenstriche verbunden). Kadenzen, spätestens seit Mozarts Opern der musikalische Ausdruck von Handlung und Entscheidung der dramatischen Personen, kommen in dieser Harmonik nicht vor, stattdessen werden Mediant- und Parallelverwandtschaften zur Verbindung der Akkorde ausgenutzt, und obwohl weit entfernte Tonarten miteinander kombiniert werden, moduliert die Harmonik eigentlich nicht; sie ist nicht zielgerichtet, sondern kreist um den anfangs vorgegebenen Wechsel von Des-dur und des-moll. Sie „handelt" nicht, sondern reflektiert. Dies entspricht der Traumsituation Görges, und wie dieser sich immer mehr in seine Visionen verliert, so gelangt die Harmonik in immer fernere harmonische Bereiche und paßt sich den Bewußtseinsstadien des Träumers an.

Die musikalische Faktur des Anfangs erinnert an den Beginn des zweiten „Sarema"-Aktes, aber Zemlinsky hatte inzwischen nicht nur gelernt, mit seinen musikalischen Mitteln ökonomischer umzugehen, sondern auch die Funktion seiner das Fremde, Unbekannte suchenden Tonsprache hatte sich gewandelt: sie schildert nicht mehr ein exotisches Land, sondern das „Innere Reich" des Traumes.

„Der Traumgörge" wurde von den Komponisten der Wiener Schule sehr geschätzt. Anton Webern etwa äußerte sich noch 1919 in einem Brief an Zemlinsky enthusiastisch über das Werk[4]. Schönberg riet Zemlinsky, die Oper in Prag herauszubringen, doch dies verhinderte Zemlinskys Scheu, als Opernchef für seine eigenen Kompositionen einzutreten. Vergeblich bemühte er sich darum, daß das Werk von der Universal-Edition übernommen wurde. Nach-

---

[4] Brief Weberns an Zemlinsky vom 26. 8. 1919; Moldenhauer-Archiv, Spokane, USA.

dem Weingartner die Uraufführung des „Traumgörge" an der Wiener Hofoper hintertrieben hatte, wurde die Oper nie aufgeführt.

„Kleider machen Leute"

Hugo von Hofmannsthal hat in seiner „Unterhaltung über die Schriften Gottfried Kellers" die „gute und starke Harmonie" in der Welt des Dichters gerühmt: „... hier bin ich gleichsam, wie ich mich auch mit dem Gang der Erzählung fortbewege, immer im Schwerpunkt, weder saugen die Seelen der Menschen mich vampirhaft in sich, noch wirbelt mich der Strudel der Geschehnisse betäubt dahin, sondern alles bewegt sich und bewegt sich mit mir und um mich, als glitte ich mitten in einer Mozartschen Sonate dahin."[5] Diese Worte schrieb Hofmannsthal 1906, etwa ein Jahr bevor Zemlinsky mit der Komposition seiner vierten Oper nach der bekannten Kellerschen Novelle „Kleider machen Leute" begann. Das Interesse an dem Oeuvre Gottfried Kellers hatte nach der Jahrhundertwende allgemein zugenommen, bereits 1904 war eine vielbeachtete Keller-Abhandlung des österreichischen Erzählers Otto Stoessl[6] erschienen. Dieses verstärkte Interesse an Keller war wohl darin begründet, daß man allmählich der Darstellung psychischer Grenzsituationen müde wurde — man denke nur an die „vampirhafte" Gestalt der Elektra —, und es war gerade Hofmannsthal, der in dramatischen Dichtungen wie „Cristinas Heimreise" und „Der Rosenkavalier" eine Welt von guter — wenn auch zerbrechlicher — Harmonie zu gestalten suchte. Die Welt Mozarts — seine Musik, aber auch die idealisierte Vision seines Zeitalters — galt Hofmannsthal als ein Symbol der Harmonie: Kellers epische Welt wird mit einer Mozartschen Sonate verglichen, die Handlung des „Rosenkavalier" spielt in der Zeit Maria Theresias; es scheint, als seien die „Komödie für Musik Der Rosenkavalier" und die „Musikalische Komödie Kleider machen Leute" durch das Ideal „Mozart" verbunden.
In diesem Zusammenhang sei daran erinnert, daß Zemlinsky als Dirigent eine besondere Neigung zu Mozart besaß: an der Wiener Hofoper hatte er Mahlers musikalischen Mozart-Stil, der vom Geist der Ensembleleistung geprägt war, kennengelernt, und später in Prag setzte er diesen Stil in so hervorragender Weise fort, daß Strawinsky bekannte, das Erlebnis einer Mozart-Oper unter Zemlinskys Leitung sei für sein Verhältnis zu Mozart von entscheidender Bedeutung gewesen (siehe S. 35 f.). In „Kleider machen Leute" wird denn auch Zemlinskys Affinität zu Mozart in einigen Ensembleszenen deutlich, und zwar besonders in der vierten Szene des ersten Aktes, in der die Honoratioren des Städtchens Goldach den Schneidergesellen Strapinski als Grafen begrüßen. Gewiß, jede dieser Figuren ist, für sich genommen, unmozar-

---

[5] H. v. Hofmannsthal, Gesammelte Werke in Einzelausgaben, hrsg. von H. Steiner, Prosa II, Frankfurt am Main 1951, S. 200 f.
[6] O. Stoessl, Gottfried Keller; in: Die Literatur, 10. Jg., 1904.

tisch, ein Typ des 19. Jahrhunderts, der einem Bild Spitzwegs entsprungen sein könnte; und auch die Musik weist keinen archaisierenden Zug auf, der an Mozart denken ließe. Doch gerade dadurch, daß diese Honoratioren weniger Charaktere als Typen sind bzw. zwischen beidem schwanken, ermöglichen sie Zemlinsky einen Satz der Gesangspartien, der an Mozarts Ensembletechnik erinnert: jede Figur hat eine ihr eigene Melodik, die den jeweiligen körperlichen und geistigen Habitus charakterisiert, mozartisch erscheint aber vor allem die Verbindung von flüssigem Parlando und Tutti-Stellen; die Personen stehen sich nicht völlig individualisiert, d. h. auch vereinzelt, gegenüber, sondern sie bilden echte Ensembles; es gibt eine gemeinsame Basis, und sei es nur die, daß alle Personen der gleichen Gesellschaftsschicht angehören. Ein Vergleich mit dem „Rosenkavalier", dessen Musik ja in vielfältiger Weise auf die Mozarts bezogen ist, mag dies verdeutlichen. Im Strauss'schen Konversationston bleiben die Personen meist getrennt, selbst im Terzett des letzten Aktes stehen die Marschallin, Oktavian und Sophie eigentlich nebeneinander, lediglich verbunden durch die „Einheit der Stimmung"[7]. Dies mag sogar noch für das Schlußduett Sophie—Oktavian gelten, dessen allzu süße Seligkeit jener Zerbrechlichkeit des Glücks entspricht, die Hofmannsthal im „Ungeschriebenen Nachwort zum ‚Rosenkavalier'" betont: „Oktavian zieht Sophie zu sich herüber — aber zieht er sie wirklich zu sich und auf immer? Das bleibt vielleicht im Zweifel. ... die Verbundenen sind getrennt, die Getrennten verbunden"[8] — verbunden durch die Einheit der Stimmung in der Musik. Die Charaktere im „Rosenkavalier" sind zu differenziert, als daß sie sich im Gesang vereinen könnten zu jenem Spiel, das Mozarts Ensembles eigen ist — und dies, obwohl die Marschallin nicht ohne die Gräfin, Oktavian nicht ohne Cherubino zu denken wären. Im „Rosenkavalier" ist das Ideal eines Mozartschen Individuums wirksam, in „Kleider machen Leute" das einer Mozartschen Gesellschaft — einer Gemeinschaft von Menschen, die nicht durch ihren Charakter, sondern durch ihr dramaturgisch-musikalisches Verhalten den Menschen in Mozarts Ensembles verwandt sind.

Anders als bei Hofmannsthal, dessen „recht innerlich bürgerliche" Sophie und Oktavian, „der Vornehme"[9], verschiedenen Ständen angehören, entstammen die Personen von „Kleider machen Leute" derselben Gesellschaftsschicht. Als deren musikalische Konvention erklingt in der oben erwähnten vierten Szene ein Walzer; da unter seinen Klängen die Personen auf der Bühne zunächst schweigend in den Genuß von Kaffee und „Rauchwerk" versunken sind, charakterisiert er nicht das Befinden einer bestimmten Person, ihre Sentimentalität oder ihren Überschwang ob eines „Lerchenauischen Glücks", son-

---

[7] R. Gerlach, Don Juan und Rosenkavalier. Studien zu Idee und Gestalt einer tonalen Evolution im Werk Richard Strauss' (Publikationen der Schweizerischen Musikforschenden Gesellschaft, Ser. II, Bd. 13), Bern 1966, S. 139 ff.

[8] H. von Hofmannsthal, Gesammelte Werke in Einzelausgaben, hrsg. von H. Steiner, Prosa III, Frankfurt am Main 1952, S. 44.

[9] A. a. O., S. 43.

dern steht ein für gutbürgerliche Lebensart. Ähnlich wie in der Tanzszene von Mozarts „Don Giovanni" erfüllt hier ein Tanz die Funktion, eine soziale Schicht musikalisch zu repräsentieren. Die satztechnischen Konventionen des Walzers werden im Verlauf der Szene in parodistischer Absicht übertrieben, etwa durch die Forcierung hemiolischer Bildungen; die Musik führt die Bürger von Goldach als Spießbürger vor.

Auch der Orchestersatz der vierten Szene zeigt, was Zemlinsky dem Vorbild Mozartscher Ensembles verdankt: das kurze prägnante Begleitmotiv, das die Figuren in ihrer Gestik und Mentalität charakterisiert. Als Beispiel diene das Motiv, das zum Beginn der vierten Szene den Auftritt der Honoratioren begleitet (Notenbeispiel 1):

Notenbeispiel 1

Behäbigkeit und zugleich Geschäftigkeit in den Bewegungen, Bewußtsein der eigenen Würde und nervöse Dienstbeflissenheit gegen den vermeintlichen Grafen sind in dieser Musik eingefangen. Die widerspruchsvolle Haltung der Honoratioren gegenüber Strapinski gewinnt Gestalt durch den rhythmischen Duktus der Phrase: die gleiche Tonfolge wird zunächst langsam, von Pausen unterbrochen, vorgetragen, dann hastig in schnellen Notenwerten; und doch erwartet der Hörer bei einer Tonfolge, die immerhin eine Sept als Rahmenintervall umfaßt, eher eine weiter ausholende, vielleicht sogar emphatische melodische Linie. Die Spannweite der Intervalle und die Kurzatmigkeit ihrer Artikulation stehen zueinander im Widerspruch. Die Kombination rhythmisch-melodischer Glieder, die eigentlich nicht zueinander „passen", und die Störung einer Dimension des musikalischen Satzes durch eine andere sind kompositionstechnische Mittel, musikalische Komik zu erzielen. Sie sind freilich nicht allein für Zemlinskys „Kleider machen Leute" charakteristisch, ähnliches findet sich auch in den Partien des Leporello, Beckmesser oder Ochs von Lerchenau.

Die ganze vierte Szene ist in eine Reihe von Abschnitten gegliedert, von denen jeder durch eine spezifische Motivik geprägt ist. Die Motive der Orchesterbegleitung wechseln nicht ohne Übergang, sondern werden entweder durch Variation auseinander entwickelt oder lösen erst allmählich einander ab; die einzelnen Abschnitte der Szene sind also motivisch miteinander verknüpft. Hinsichtlich der musikalisch-dramatischen Funktion des Orchestermotivs steht Zemlinsky in der Nachfolge Mozarts, aber die Idee umfassender motivischer Zusammenhänge entstammt dem 19. Jahrhundert.

Diese Verbindung von Elementen des Mozartschen Musiktheaters und formalen Konzeptionen des 19. Jahrhunderts kommt sehr deutlich in einem Brief zum Ausdruck, den Zemlinsky bereits um 1900 an Alma Schindler schrieb. Anläßlich einer Opernszene, die seine Schülerin ihm vorlegte, erläuterte Zemlinsky seine Technik der Opernkomposition: „Was ich Ihnen öfters bei Gedichten riet: vor allem eine klare Disposition desselben machen, d. h. einteilen — wie weit kommt man mit dem einen Motiv, wie weit mit dem zweiten u. s. w. aus. Dann den Grundgedanken herausfinden! Es nützt nichts, wenn Sie Zeile für Zeile noch so scharf charakterisieren. Wohin kommt man da bei einer Oper! hat man eine Szene disponiert, muß man sich klar werden, welche Grundmotive dieselbe beherrschen, — die müssen zuerst gefunden werden. Dann wo *wirklich* die Stimmung — d. h. Tonart, Tempo, Rhythmus, Melodie — geändert wird. Man irrt sich, d. h. scheinbar wechselt immer die Stimmung bei Rede und Gegenrede schon! Aber der Musiker hat die Aufgabe, diesem Dialog auf den tiefsten Grund zu gehen, diese eine Stimmung, von der aus die ganze Szene vom Dichter gedacht, herauszufischen, und diese kann dann, unbeschadet durch Rede und Gegenrede, mit nur kleinen Modifikationen, die ganze Szene beherrschen. ... Jedoch nun heißt es dieselbe rein musikalisch umzusetzen. Nämlich gewöhnlich ist es der Fall — (bei Anfängern in erster Linie), daß man bei ernsten Szenen immer ein langsames, schleppendes Tempo empfindet. ... Betrachten Sie einmal das ganze Buch des Tristan, sehn Sie sichs einmal ohne Mimik an, ja vergessen Sie womöglich auf die Musik — dann werden Sie die Bemerkung machen, daß die meisten Szenen, mehr als ein Dritteil derselben, auch für ein langsames Tempo geeignet sind, daß ein Anfänger sicher auch diesen eminent großen Fehler gemacht hätte. Wagner hat fast lauter Allegro oder Alla breve-Takt!! So auch in den anderen Opern! Nun gilt es Tempi, Rhythmen und Motive überhaupt, rein vom musikalischen Standpunkt aus, gut zu verteilen. — Das gehört zum Wichtigsten und das wissen viele schon aufgeführte neuere Componisten nicht! ... Noch eins: Das kurze eindringliche Motiv, das nach zwei oder vier Takten keinen Zweifel läßt, was es bedeutet!“[10]

Zemlinsky fordert also das plastische Motiv, das seine Bedeutung sofort beim ersten Hören durch die musikalische Struktur, nicht erst durch die ständige Koppelung an einen sprachlichen Inhalt, zu erkennen gibt. Er denkt dabei wohl weniger an Wagners Leitmotivtechnik, wenn er auch dessen großen dramatischen Atem hervorhebt, sondern an Mozarts „Buffo“-Motive in der Orchesterbegleitung.

Für den Komponisten einer komischen Oper ist es besonders wichtig, zwischen seiner Musik und dem Publikum möglichst viele Brücken der Verständigung zu schlagen, weil die Musik der Handlung nicht nur im Affekt folgen, sondern sie womöglich auch noch augenzwinkernd kommentieren soll. Zu solchen Ver-

---

[10] Brief Zemlinskys an Alma Schindler, undatiert (1900), The Charles Patterson Van Pelt Library der University of Pennsylvania, Philadelphia.

ständigungsebenen gehören neben dem Rekurs auf Konventionen von Gebrauchsmusik, etwa des Walzers, und der musikalischen Komik, die mit den Erwartungsmustern des Hörers ihr Spiel treibt, auch die Leitmotivtechnik. Das szenische Vorspiel der Oper, das den Schneidergesellen Strapinski auf der Landstraße von Seldwyla nach Goldach vorstellt, hat die dramaturgische Funktion, die leitmotivischen Gedanken in ihrer Bedeutung vorzustellen; im anschließenden Orchesterzwischenspiel, das die Verwandlung zum Bild des ersten Aktes (Häuserzeile in Goldach) überbrückt, werden u. a. diese musikalischen Gedanken dem Hörer noch einmal eingeprägt.

Von besonderer Wichtigkeit für die musikalische Dramaturgie der Oper ist das „Schneiderlied“, das Strapinski auf dem Weg von Seldwyla nach Goldach singt. Es besteht aus zwei in Harmonik und Melodie kontrastierenden Teilen, einem chromatischen zu Beginn und einem diatonischen, der gegen Ende mehr und mehr mit Chromatik durchsetzt wird und schließlich in eine verkürzte Variante des Anfangs mündet. Jener Anfang („Schneiderlein, was machst denn du ...“) ist in der ganzen Oper gleichsam die Erkennungsmelodie des Schneiders, fortwährend demaskiert das Orchester durch das Zitat dieses Anfangs den Grafen als „Schneiderlein“. Da aber am Schluß des Liedes auf die Variante des Anfangs das Motto der Oper „Kleider machen (erst) Leute“ als Text gesungen wird, schwingt auch dieser Gedanke jedesmal mit, wenn der Anfang des Schneiderliedes erklingt. Dieses „Leitmotiv“ meint also zweierlei: Dieser Graf da oben auf der Bühne ist in Wirklichkeit ein armes Schneiderlein, und: Kleider machen Leute! Die einzelne dramatische Person, aber auch die Gesellschaft, die sie aufgrund des äußeren Scheins für etwas anderes hält, als sie tatsächlich ist, werden so durch die Musik ins rechte Licht gerückt.

Aus dem Beginn des Schneiderliedes entwickelt Zemlinsky eine weitere Variante: wie der bettelarme Gesell in den feinen Kleidern sich unversehens zum vornehmen Herrn mausert, so das Schneiderliedchen zum Grafenthema; wesentliche harmonische und melodische Momente sind beibehalten, nur das Gehabe der Musik wird durch „majestätische“ Punktierungen und Dehnung der Intervalle „großspurig“ (Notenbeispiel 2).

Notenbeispiel 2

Bedenken wir, daß die Oper „Kleider machen Leute" Zemlinskys chef d'oeuvre im ersten Jahrzehnt nach der Jahrhundertwende ist, und daß die Oper zu der Zeit entstand, da Schönberg sich von der Tonalität löste, dann scheint es wichtig, anhand des Schneiderliedes eingehender Zemlinskys Harmonik zu untersuchen. Die Tonika des Liedes, d-moll, tritt während der ersten fünf Takte nicht auf, die Tonalität wird durch andere Klänge umschrieben, erst im sechsten Takt das harmonische Vexierbild gelöst. Dennoch stellt bereits die Harmonik der ersten fünf Takte klar, daß d-moll die Tonart ist, da mit Ausnahme der siebenten alle Stufen der Tonart repräsentiert sind — die zweite allerdings erniedrigt. Die Akkorde, die einander benachbart sind, stehen mit Ausnahme der Folge B-dur — es-moll nicht in einem funktionalen Verhältnis zueinander, d. h. der eine Akkord ist nicht die Dominante oder Subdominante des anderen, sondern jeder Akkord ist ein verhältnismäßig selbständiger Repräsentant der jeweiligen Stufe. Daß die Akkorde die einzelnen Stufen und nicht eine harmonische Funktion darstellen, wird besonders deutlich durch den Gebrauch der Moll-Variante des Neapolitaners: für die Interpretation eines Dreiklanges über Es als „Substitut" der Subdominante g-moll wäre die Dur-Terz g unerläßlich. Zemlinskys harmonisches Bewußtsein ist also durch die Tradition der Brahms'schen Stufenharmonik geprägt. Die Tonart ist ausgedrückt, wenn alle oder möglichst viele Stufen vertreten sind; ihre Reihenfolge ist für die Bestimmung der Tonalität sekundär, sie muß durch die Stimmführung legitimiert sein. Freilich kann diese Art der Harmonik zu einer Schwächung der Tonalität tendieren, wenn dies nicht durch zusätzliche Anstrengungen in anderen Dimensionen des Satzes verhindert wird, und so bildet dieses harmonische Bewußtsein einen Ausgangspunkt für die Entwicklung der Atonalität.

Zemlinsky und Schönberg bezogen gegen Ende des vorigen Jahrhunderts alterierte Akkorde in die Stufenharmonik ein, verbanden so das harmonische Denken Brahms' mit dem Wagnerschen Idiom (diesem Versuch der Synthese werden wir uns bei der Besprechung der frühen Lieder Zemlinskys eingehender widmen). Auch in dem Schneiderliedchen treten alterierte Akkorde auf. Da obendrein in den ersten fünf Takten nicht alle Akkorde als Repräsentanten der diatonischen Stufen von d-moll zu erklären sind, soll die Harmonik des Liedanfangs unter dem neuen Gesichtspunkt betrachtet werden, daß für die ersten fünf Takte nicht das verschwiegene d-moll, sondern der übermäßige Dreiklang b—d—fis die „Tonika" darstelle.

Für einen übermäßigen Dreiklang kann man keine Grundstellung angeben, da alle Umkehrungen in ihrer Intervallstruktur identisch sind; es gibt also eigentlich keinen Grundton, sondern alle drei Töne sind gleichberechtigt, alle können Tonika sein. Es wäre also zu untersuchen, ob die Harmonik des Liedanfangs in die drei Teiltonalitäten b, d, fis zu untergliedern ist[11]. In den

---

[11] Zum Begriff der „Teil-Tonalität" siehe R. Gerlach, Don Juan und Rosenkavalier, a. a. O., S. 94 ff.

Kreis der D-Tonalität gehören unzweideutig A- und G-dur, B-dur tritt selbst zweimal auf, auch der c-moll-Akkord ist zur B-Tonalität zu rechnen, und die Fis-Tonalität ist durch Ces=H-dur repräsentiert (enharmonische Verwechslungen werden nicht berücksichtigt). Es bleiben drei Akkorde übrig — zwei von ihnen sind alterierte Klänge —, die zu mehreren Teiltonalitäten in Beziehung gebracht werden können: es-moll könnte als Moll-Subdominante zur B-Tonalität, als Tonika-Parallele zur Fis-Tonalität gezählt werden, auch der Klang f—a—h könnte entweder als alterierter F-dur-Dreiklang zu B oder als hart verminderter H-dur-Septakkord ohne Terz zu Fis gehören; am unentschiedensten ist der übermäßige Dreiklang e—as—c, der ein entfernter Verwandter jeder der drei Tonalitäten sein kann, je nachdem welchen Ton man als Grundton annimmt. Zemlinskys Satz zeigt, daß eine Wechselwirkung besteht zwischen dem einzelnen Akkord und der ihn umgebenden Harmonik: eine komplizierte Akkordstruktur erfordert eine komplizierte Harmoniefolge und umgekehrt.

Neben der Ganztonharmonik, der die oben erörterten alterierten Akkorde angehören, war die Ausbildung von Quartenakkorden ein wichtiges Zwischenglied in der Entwicklung von der spätromantischen Harmonik zur freien Atonalität. Quartenklänge entstanden bei Schönberg nicht unter dem Einfluß Debussys, dessen Musik erst seit 1907 in Wien bekannt wurde[12]. Bereits in Schönbergs Lied „Warnung“ (nach Richard Dehmel) von 1899[13] erscheint im Nachspiel des Klaviers eine Unisonofigur, die fünf aufwärts gerichtete Quarten aneinanderreiht, in „Pelleas und Melisande“ (1903) treten dann die ersten Quartenakkorde auf, schließlich nimmt ein Quartenakkord in der „Kammersymphonie“ (1906) eine zentrale Stellung ein, er wird thematisch behandelt. Manche Kompositionen Schönbergs, so z. B. die Ballade „Jane Grey“ op. 12, Nr. 1, legen den Schluß nahe, daß Quartenakkorde in tonalem Kontext gleichsam als Raffungen erweiterter Kadenzen oder harmonischer Sequenzen gemeint waren, indem die Grundtöne der harmonischen Stufen in die Vertikale projiziert wurden[14]. Die Quartenakkorde resultieren also aus dem Stufenbewußtsein der Komponisten in der Nachfolge Brahms’.

Dieser Zusammenhang wird deutlich an dem harmonischen Komplex, mit dem Zemlinsky das Vorspiel seiner Oper „Kleider machen Leute“ eröffnet (Notenbeispiel 3).

Keimzelle der harmonischen Entwicklung ist ein aufwärts gerichteter Quintsprung, der in verschiedenen Tonhöhenabständen übereinandergelagert und dessen jeweiliger Zielton festgehalten wird. Dadurch entsteht im achten Takt auf dem Höhepunkt der Klangverdichtung ein Akkord, dem lediglich ein g fehlt, um eine konsequente Quartstruktur zu erreichen: a—d—(g)—c—f—b.

---

12 In der Konzertsaison 1907/08 spielte der Wiener Konzertverein „La mer“ von Debussy.

13 J. Rufer, Das Werk Arnold Schönbergs, Kassel 1959, S. 3.

14 Siehe H. Weber, Schönbergs und Zemlinskys Vertonung der Ballade „Jane Grey“ von Heinrich Ammann. Untersuchungen zum Spätstadium der Tonalität; in: Report of the 11th Congress Copenhagen 1972, Kopenhagen 1974, Bd. 2, S. 705 f.

Notenbeispiel 3

Der Ton g war freilich — ebenso wie e, das ebenfalls zur Vervollständigung der diatonischen Skala in dem Quartenakkord fehlt — bereits erklungen, er wurde nur nicht festgehalten. Indem die einzelnen Stufen der Tonart, durch ihre Grundtöne repräsentiert, aus dem gewohnten Kadenzzusammenhang gelöst und in veränderter Konstellation auftreten, wird die Tonalität verschleiert, ohne daß sie bereits unkenntlich wäre. Unverkennbar ist der Zusammenhang dieser Art von Tonalität mit der szenischen Anweisung für das Bild des Vorspiels: „Nebliger Herbstvormittag, matte Sonne, die auf den Nebeln flimmert."

Bei der Erörterung der Zemlinskyschen Harmonik wurden lediglich die Gemeinsamkeiten im musikalischen Denken Zemlinskys und Schönbergs betont. Doch soll dies nicht darüber hinwegtäuschen, daß auch wesentliche Unterschiede bestanden, die dafür bestimmend waren, daß Zemlinsky Schönberg nicht auf dem Weg zur Atonalität folgte. Der Bezug auf Schönberg sollte deutlich machen, daß Zemlinsky mit der Musik zu „Kleider machen Leute" auf der Höhe des kompositionstechnischen Standards seiner Zeit war und nicht etwa zur spätromantischen Nachhut zählte. Doch ist die Qualität der Oper nicht durch kompositionstechnische Aspekte erschöpft, ihr eignet eine Ausgewogenheit von Delikatesse und unmittelbarer Zugänglichkeit, die vielleicht am besten mit Frische und Witz der Musik zu umschreiben ist.

Daß „Kleider machen Leute" für Zemlinsky nicht den großen, durchschlagenden Erfolg gebracht hat, ist außer in einer Qualität der Musik, nämlich ihrer „Feinheit", in den Schwächen des Librettos begründet. Leo Feld, der die Kellersche Novelle dramatisierte, vergröberte die Charaktere und die Sprache des Schweizer Dichters. Keller schildert den Schneidergesellen Strapinski — mit Hofmannsthal zu reden — in einem „gemischten Zustand", nämlich einerseits als einen Menschen, der seinen Wert durchaus in sich selbst hat, andererseits als einen kleinen Gauner, der die ihm angetragene Grafenrolle nicht von sich weist, sondern in sie wie in ein Kleidungsstück schlüpft, nachdem er erst einmal ihre Vorzüge am eigenen Leib in Form eines opulenten Mahls erfahren hat. Bei Feld dagegen ist die Mitschuld Strapinskis getilgt; als Hochstapler wider Willen erscheint der Schneider in seinem Charakter geradliniger, aber auch farbloser. Die Amtsratstochter Nettchen, die sich in den vermeintlich hohen Herrn verliebt, ist in Kellers Erzählung der ruhende Pol; durch die Standhaftigkeit ihrer Liebe gewinnt Strapinski nach der blamablen Demaskierung seine Selbstachtung wieder. Bei Feld ist sie als affektiertes Frauenzimmerchen

gezeichnet, der man es am Ende zunächst einmal gönnt, auf einen falschen Grafen hereingefallen zu sein. Erst als sie ihre Hochnäsigkeit überwindet und sich trotz des gesellschaftlichen Debakels zu ihrer Liebe bekennt — die eigentliche Wandlung vollzieht also sie —, ist der Zuschauer auch mit ihr versöhnt.
Man kann darüber streiten, ob diese Veränderung der Charaktere nicht doch sinnvoll war, um den leisen Fortgang der Kellerschen Erzählung dramatisch wirkungsvoller zu gestalten. Eine dramatische Schwäche des Librettos besteht aber zweifellos darin, daß die Handlungsführung vom Beginn des zweiten Aktes an nicht entschieden genug auf den dramatischen Höhepunkt, die Entlarvung Strapinskis, hinsteuert. Hier reiht sich eine Situation an die andere, und die dramatische Spannung nimmt ab. Zemlinsky hat aus den praktischen Erfahrungen der Aufführungen Konsequenzen gezogen und in einer zweiten Fassung den zweiten und dritten Akt um einige Episoden gekürzt und zu einem Akt in zwei Bildern zusammengefaßt[15]. Eine entscheidende Schwäche des Textbuches bleibt seine Sprache, deren gekünstelte Naivität manchmal peinlich ist, ein Zeichen dafür, wie wenig man um die Jahrhundertwende fähig war, „dem Volk aufs Maul zu schauen". Für eine Wiederbelebung der Oper, die sehr zu wünschen wäre — denn an guten musikalischen Lustspielen ist das deutsche Opernrepertoire nicht eben reich —, wäre eine Überarbeitung des Textes in Anlehnung an das Kellersche Original ratsam.
Eine „leise" Komödie wird „Kleider machen Leute" bleiben, die mehr durch die Delikatesse der Musik als durch die Drastik der Situationen und dramatischen Figuren wirkt. Kein Wunder, daß der Erfolg des „Rosenkavalier" Zemlinskys Oper erdrückte. Wie mahnte doch Strauss Hofmannsthal bei der Arbeit am „Rosenkavalier": „Vergessen Sie nicht, daß das Publikum auch *lachen* sollte! *Lachen*, nicht lächeln und schmunzeln! Mir fehlt in unserem Werke bis jetzt eine wirklich komische Situation, es ist alles bloß heiter, nicht *komisch*!"[16]

„Eine florentinische Tragödie"

Wie kaum ein Dichter des Fin de siècle war Oscar Wilde der Poet des Ästhetentums; die Abkehr von der Gemeinheit des Lebens zu einem phantastischen, extravaganten Reich der Kunst fand in seiner Gestalt und seinem Werk ihren Höhepunkt. Zugleich aber ahnte er die Gefährdung des „schönen Lebens" durch die feindliche Außenwelt; und wie in seinen Dichtungen die Ästheten dem Untergang geweiht sind, so kam er selbst durch einen Sittlichkeitsprozeß zu Fall. Der Prozeß, der Oscar Wilde gemacht wurde, traf eine ganze Künstlergeneration, da in ihm die Auseinandersetzung zwischen Kunst und Gesellschaft öffentlich ausgetragen, der Ästhet an den Pranger gestellt wurde. „Es hat gar keinen Sinn, so zu sprechen, als ob Oscar Wildes Schicksal

---

[15] Siehe Klavierauszug der zweiten Fassung, Wien (UE) 1922.
[16] R. Strauss — H. von Hofmannsthal, Briefwechsel, Gesamtausgabe, im Auftrag von Fr. und A. Strauss hrsg. von W. Schuh, Zürich 1964, S. 74.

und Oscar Wildes Wesen zweierlei gewesen wäre, und als ob das Schicksal ihn so angefallen hätte wie ein bissiger Köter ein ahnungsloses Bauernkind, ... er fühlte unaufhörlich die Drohung des Lebens auf sich. ... Und er fühlte, wie das Leben sich duckte, ihn aus dem Dunkel anzuspringen", schrieb Hofmannsthal nach Wildes Entlassung aus dem Zuchthaus zu Reading[17].

Während Wilde sich in Untersuchungshaft befand, wurden aus seiner Villa Manuskripte gestohlen, darunter das der noch unveröffentlichten „Florentinischen Tragödie"; erst nach Wildes Tod wurde das Manuskript, allerdings ohne die erste Szene des Dramas, gefunden. Wilde war von dem Verlust des Manuskripts betroffen[18]; denn in seiner Situation gewann die „Florentinische Tragödie" bestürzende Aktualität, war in ihr doch der Konflikt zwischen Ästhetentum und gemeinem Leben in exemplarischer Weise gestaltet, als habe Wilde seinen eigenen Fall vorausgeahnt:

Der Kaufmann Simone überrascht, von einer Geschäftsreise heimgekehrt, seine Frau Bianca in den Armen Guido Bardis, des Sohnes des Herzogs von Florenz. Simone, der in Rang, äußerer Erscheinung und Bildung dem jungen Aristokraten unterlegen ist, versucht anfangs durch Geschwätzigkeit von der kompromittierenden Situation abzulenken und wagt zunächst nicht, seine Eifersucht offen zu bekennen. Aber weder das Feilschen um seine Waren, die er dem Prinzen aufdrängt, noch Gespräche über Politik können von dem schwelenden Konflikt ablenken, da der Prinz durch immer unverhohlenere Anspielungen auf sein Verhältnis zu Bianca den Ehemann reizt, bis für diesen die Auseinandersetzung unausweichlich wird: „Ist die ganze mächtige Welt in dieses Zimmers Umfang eingeengt und hat drei Seelen als Bewohner nur? So sei der dürft'ge Raum jetzt eine Weltenbühne, wo Herrscher fall'n und unser tatlos Leben der Einsatz ist, um den Gott spielt." Simone ist zum Äußersten entschlossen, fordert seinen Rivalen zum Zweikampf und tötet ihn. Wie verwandelt durch die „große Tat" sinken sich die Eheleute in die Arme und gestehen sich ihre Liebe.

In dieser Auseinandersetzung vertritt der Kaufmann das gemeine Leben, der Prinz ist der Repräsentant des Ästhetentums. Der Fall Guidos erscheint umso tiefer, als zu Beginn des Dramas unvorstellbar ist, daß die devote Krämerseele den strahlenden Renaissancemenschen auch nur herausfordern, geschweige denn töten wird. Aber gerade Simones anfängliche Versuche, sich bei dem mißlichen herrschaftlichen Besuch anzubiedern, dann seine Unentschlossenheit und schließlich seine Verschlagenheit, mit der er den Prinzen in Sicherheit wiegt, bilden die retardierenden Momente der Handlung, an deren Widerstand die dramatische Spannung wächst; kontrapunktiert werden sie von den versteckten Anspielungen der beiden Rivalen, die sich gegen Ende des Dramas häufen und den Konflikt verschärfen. Die „große Tat" steht also nicht von Anfang an fest, sondern erwächst aus einer raffinierten psychologischen Dramaturgie verzögernder und vorantreibender Handlungsmomente.

Zemlinsky komponierte Wildes Text in der deutschen Übersetzung von Max Meyerfeld und nahm dabei nur geringfügige Kürzungen vor. Er paßte sich genau der Wildeschen Dramaturgie an und verzichtete auf jede Doppelbödig-

---

17 H. von Hofmannsthal, Prosa II, a. a. O., S. 135.

18 M. Meyerfeld, Vorwort zu: O. Wilde, Eine Florentinische Tragödie, Berlin 1907, S. 8.

keit zwischen Text und Musik: Nirgends verrät die Musik die bevorstehende Auseinandersetzung, wo dies nicht auch im Text geschähe; vielmehr folgt sie Simone in seine Ausflüchte vor dem unausweichlichen Konflikt und verliert sich mit ihm in die Schilderung von Preziosen. Simones Entschluß, sich seinem Nebenbuhler entgegenzustellen, wird durch eine erweiterte Kadenz bekräftigt, die in dem Bemühen, entfernte Tonarten zusammenzuzwingen, in dieser Oper einzigartig ist. Dann wird die Musik zunehmend von dem „Todesmotiv" beherrscht, einer bald diatonisch, bald chromatisch fallenden Figur mit dem Sprung einer verminderten Quart am Ende, in deren melodischem Verlauf mit „schleichenden" Sekundschritten und pointierter Schlußwendung einer verminderten Quart die Verschärfung der dramatischen Situation zusammengedrängt ist.

Das Fehlen der ersten Szene, vermutlich einer Liebesszene zwischen Guido und Bianca, hat Zemlinsky als Mangel empfunden und Meyerfeld gebeten, eine Einleitungsszene zu schreiben[19]. Da dieser seinen Wunsch nicht erfüllte, komponierte Zemlinsky — entgegen der Mode, in der Oper auf eine instrumentale Einleitung zu verzichten und sofort mit der szenischen Handlung zu beginnen — ein Orchestervorspiel, das im Verhältnis zum ganzen Einakter außerordentlich breit angelegt ist. Es erfüllt neben der musikalischen Aufgabe, alle wichtigen Themen und Motive vorzustellen, auch die dramaturgische, die fehlende Liebesszene zu ersetzen. Diese dramaturgische Funktion und der „feurig stürmende" Beginn gemahnen an das Vorspiel zum „Rosenkavalier", jene „Liebesszene" zwischen der Marschallin und Oktavian, die durch den Vorhang vor den Augen des Publikums verhüllt ist[20].

Der Einfluß von Richard Strauss auf Zemlinsky und seine Generation war umfassend — einzig vergleichbar dem Gustav Mahlers: das Quartenthema der Schönbergschen Kammersymphonie hatte seine Vorform im Hauptthema des „Heldenlebens", und noch Alban Bergs „Wozzeck" knüpft in manchen Partien an die düstere, schwüle Atmosphäre der „Elektra" an[21]. „Eine florentinische Tragödie" bildet den Höhepunkt in Zemlinskys Auseinandersetzung mit Strauss und steht in der Tradition von Opern wie „Salome", der gleichfalls ein Text Wildes zugrunde liegt, und „Der Rosenkavalier". Die aufpeitschende Fanfare, mit der Zemlinskys Vorspiel beginnt, erinnert an jene „Anfänge aus dem Vollen", mit denen Strauss vom „Don Juan" bis zum „Rosenkavalier" sein Publikum im Handstreich zu erobern suchte, und das stürmische Vorwärtsdrängen, in dem der Impuls dieser Anfangsgeste fortwirkt, gemahnt an Straussens Élan vital, der bei diesem mit einer gewissen Unbedenklichkeit um die Intentionen des musikalischen Materials gepaart war; unverkennbar aber auch, daß gerade diese Unbedenklichkeit Zemlinsky

---

19 Brief Zemlinskys an Emil Hertzka, undatiert (1917), Archiv der Universal Edition, Wien.

20 R. Gerlach, Der lebendige Inhalt und die tote Form. Marginalien zum „Rosenkavalier"; in: Neue Zeitschrift für Musik, 135. Jg., 1974, S. 416.

21 Th. W. Adorno, Richard Strauss; in: Neue Rundschau, 75. Jg., 1964, S. 578.

abgeht, daß sein Bemühen um kompositionstechnische Rechtfertigung den „großen Wurf“ geradezu belastet: die in der Tradition von Mahlers dissonierendem Kontrapunkt stehende Polyphonie unterscheidet sich durch die Deutlichkeit der melodischen Konturen von dem Alfresco-Orchestersatz Strauss'scher Prägung und verleiht der Musik den Eindruck des einsichtsvoll Geplanten, im Vergleich zu Strauss allerdings auch des Domestizierten; zugleich nimmt die Motivation ungewohnter Akkordverbindungen durch eine an Brahms geschulte Führung schwer instrumentierter Bässe der Harmonik den Effekt des Sensationellen, der bei Strauss intendiert ist.

Die Harmonik von Strauss und Zemlinsky zeigt trotz mancher Berührungspunkte die Unterschiede im musikalischen Denken und in der Konzeption von Dramatik beider Komponisten. Gemeinsam ist vor allem die von Strauss entwickelte Technik, die Harmonik einer Komposition in Komplementärtonalitäten anzulegen: nicht mehr eine, sondern mehrere Tonalitäten beherrschen ein Stück, und zwar solche, die im Quintenzirkel möglichst weit auseinanderliegen und sich zum chromatischen Total ergänzen. Im Vorspiel des „Rosenkavaliers“ dominieren E- und Es-dur, am Schluß von „Salome“ (ab Ziffer 350) stehen sich vor allem cis-moll/Cis-dur und c-moll gegenüber. Je nach dramatischer Situation erscheinen bei Strauss die Teiltonalitäten einzeln und in sich durch Kadenzen gefestigt oder werden ineinander verwoben, so daß sich die tonalen Ansprüche der Harmonien gegenseitig aufheben; von der Tektonik der Wagnerschen Musikdramen hat Strauss den Wechsel tonalitätsauflösender und -festigender Partien übernommen. Insgesamt aber ist die Strauss'sche Harmonik charakterisiert durch ihren Reichtum an dominantischen Klängen; dessen Signum ist der für Strauss typische Quartsextakkord, der als pointierte Kadenzerwartung tonikalen Klang und dominantische Spannung in sich vereint und die jeweils neue Tonart gleichsam usurpiert. Selbst einen „atonalen“ Klang wie den Elektra-Akkord weist der Zusammenhang als „Dominante“ aus, kreist der ganze Elektra-Monolog doch um das Problem, diesen einen Akkord aufzulösen; latent ist die Kadenz in Straussens Harmonik immer gegenwärtig. Extremes Beispiel, die Harmonik mit Dominanten anzureichern, ist jene Szene aus „Salome“ (Ziffer 49 ff., besonders 56), in der die Königstochter den Hauptmann Naraboth beschwört, Jochanaan aus der Zisterne heraufführen zu lassen: über einem chromatisch aufsteigenden Baß alternieren Dominantsept- und Dominantseptnonakkorde — Ausdruck der unwiderstehlichen Gewalt Salomes über Naraboth.

Das Vorspiel zur „Florentinischen Tragödie“ ist infolge der Nachahmung des Strauss'schen Élan vital der Teil der Oper, in dem Zemlinsky dem Strauss'schen Dominantenreichtum am nächsten kommt — und dennoch erscheinen vergleichsweise wenig Dominanten. Von größerer struktureller Bedeutung sind Terzverwandtschaften; denn die Harmonik des Vorspiels ist in drei Komplementärtonalitäten angelegt (C-, E- und As-dur), das Total des Quintenzirkels in drei gleich weit entfernte harmonische Regionen eingeteilt. Die Ansätze zur Komposition mit drei Teiltonalitäten (respektive mit einem übermäßigen Dreiklang als „Tonika“), die in „Kleider machen Leute“ am Anfang des

Schneiderliedchens zu beobachten waren (siehe S. 51 f.), sind in der „Florentinischen Tragödie“ voll entwickelt. Unter ständiger Ausnutzung von Terzverwandtschaften gleitet die Harmonik von einer Komplementärtonalität zur anderen, ohne daß regelrecht moduliert wird: die Tonarten werden nicht gefestigt, Kadenzen verschwiegen, die Tonalität in der Schwebe belassen. Zemlinskys Harmonik fehlen die Strauss'schen Extreme, weder gibt es die in künstliche Naivität zurückgeführte einfache Tonalität noch das harmonische Chaos; Zemlinsky schreibt in der Tradition von Brahms einen in sich ausgeglicheneren harmonischen Satz als Strauss, der gleichweit von Idylle und Chaos entfernt ist, sondern eher einem wohlgeordneten Labyrinth gleicht. Droht bei Strauss die Tonalität durch die konträren Ansprüche der auskomponierten Teiltonalitäten gesprengt zu werden, so tendiert Zemlinskys Harmonik dazu, Kadenzerwartungen gar nicht erst aufkommen zu lassen.

Bei beiden Komponisten ist es nicht die Wagnersche Dramaturgie der Leitmotive, die musikalisches und szenisches Geschehen verbindet, sondern die Disposition der Harmonik selbst. Wie zu Beginn der „Florentinischen Tragödie“ drei, am Schluß aber nur mehr zwei Personen auf der Bühne stehen, so sind die drei Teiltonalitäten des Vorspiels am Schluß der Oper auf zwei reduziert: in der Versöhnungsszene der Eheleute stehen sich Biancas D-dur und Simones As-dur als diametral entgegengesetzte Tonarten gegenüber. Trotz dieser strukturellen Analogie zwischen Harmonik und Dramaturgie lassen sich den Personen keine bestimmten Tonarten oder Teiltonalitäten zuweisen, wie dies bei Strauss möglich ist (Salome cis-moll/Cis-dur, Oktavian E-dur). Zemlinskys dramatische Personen sind um keine Tonart zentriert, die Konfiguration der Tonalitäten ergibt keine Konfiguration der Personen[22], sondern jede Person durchschreitet im Wechsel ihrer psychischen Situation die verschiedensten harmonischen Regionen.

Konstruiert man jeweils als Idealfall von Straussens und Zemlinskys Harmonik einen dominantischen Strebeklang samt Auflösung und eine Verbindung terzverwandter Akkorde, also z. B. C- und As-dur, so weist der Strebeklang durch seine Leittöne auf den Auflösungsakkord hin, die Akkordverbindung ist zielgerichtet und meist nicht ohneweiters umkehrbar; die Kombination terzverwandter Klänge ist dies sehr wohl, C-dur „will“ nicht nach As-dur, sondern die Folge wird erst im nachhinein durch das gemeinsame C verständlich. Für die Konzeption von Dramatik bedeutet dies, daß die Strauss'sche Harmonik Handlungscharakter hat; wo die dominantische Spannung forciert wird, besteht ein unwiderstehlicher Zwang, eine Tat zu begehen — Naraboth muß die Zisterne öffnen, und Salome muß den Mund des Jochanaan küssen. Zemlinskys Menschen sind nicht von Anfang an dem einen Trieb ausgesetzt wie Naraboth und Salome, sie tragen den Widerstreit ihrer Motivationen aus. Simone ist lange unsicher, wie er reagieren soll; der Entschluß, Guido zu töten, wird durch eine erweiterte Kadenz extremen Ausmaßes markiert, an-

---

[22] R. Gerlach, Don Juan und Rosenkavalier, a. a. O., S. 139 ff.

sonsten reflektiert die Musik die psychische Situation, der die Tat entspringt. Zemlinskys Menschen sind im Vergleich zu denen von Strauss komplizierter. Die musikalische Darstellung von Handeln als moralischer Kategorie, in die Motivation und Entscheidung eingeht, ist geschichtlich an die Tonalität gebunden — ein Grund für die Stärkung der Tonalität im „Rosenkavalier" etwa im Vergleich zu „Elektra". Die Gestalt des „verwundeten wilden Tiers" in „Elektra" und die Gradation psychischen Drucks, der sich in einer Tat entlädt, als dramaturgische Konzeption der „Florentinischen Tragödie" haben die Gestaltung von Bergs „Wozzeck" beeinflußt.

„Der Zwerg"

Eine Dichtung Oscar Wildes bildet auch die literarische Vorlage für die der „Florentinischen Tragödie" folgende Oper Zemlinskys; nach dem Märchen „Der Geburtstag der Infantin" erstellte Georg C. Klaren das Libretto zu „Der Zwerg, ein tragisches Märchen für Musik in einem Akt". Jahre zuvor hatte bereits Franz Schreker ein Ballett nach diesem Märchen komponiert, und es scheint kein Zufall, daß Zemlinsky auf dieses Sujet zurückgriff, nachdem er Schreker vergeblich um ein Libretto für sich gebeten hatte (siehe S. 30). Instinktiv näherte sich Zemlinsky, der den entscheidenden Durchbruch als Komponist mit einem Opernerfolg erzwingen wollte, der Schrekerschen Theaterwelt, die ein Gutteil ihres Erfolges während und nach dem Ersten Weltkrieg ihrer Aura von Bizarrerie und schockierender Sinnlichkeit verdankte. Die Geschichte vom Zwerg am spanischen Hofe, „der von jeher wegen seiner raffinierten Leidenschaft für das Furchtbare bekannt war", wie es bei Wilde heißt[23], schien jener Schrekerschen Atmosphäre nahezukommen, zumal die Figur des Zwerges mit jener des mißgestalteten Alviano aus Schrekers „Die Gezeichneten" groteske Züge teilt.

Am spanischen Hof werden Vorbereitungen für die Geburtstagsfeier der Infantin Donna Clara getroffen. Von allen Geschenken, die die Prinzessin erwarten — so verrät der Haushofmeister ihrem Gefolge —, sei das schönste — scheußlich: ein mißgestalteter Zwerg, der von seiner Häßlichkeit nichts wisse, sondern sich für einen vollendeten Ritter halte. „Der Narr muß närrisch bleiben, und Wahrheit wäre für den armen Narren der Tod." Deshalb werden im Palast alle Spiegel verhängt. Auf dem Höhepunkt der Gratulationsfeier wird der Zwerg von Mohren in einer Sänfte hereingetragen und der Infantin vorgestellt. Beim ersten Anblick der Prinzessin verliebt er sich in sie, die „den Ritter aus fernem Land" willkommen heißt und beginnt, ihr Spiel mit ihm zu treiben. Der Zwerg empfindet die Situation als unheimlich: „. . . ich fühl mich warten neben dir und weiß nicht worauf." Er erzählt von seiner Jugend und träumt von künftigen Abenteuern, schließlich gesteht er der Infantin seine Liebe: „Ich weiß nicht, was Liebe ist, aber wenn es die Furcht ist, dann liebe ich dich." Amüsiert erwidert Donna Clara die Liebeserklärung und geht mit ihm in einen benachbarten Saal zum Tanz. Von dort kehrt er allein zurück mit einer weißen Rose, die sie ihm geschenkt hat und die ihm als sichtbares Zeichen gilt, daß er wiedergeliebt

---

[23] O. Wilde, Der Geburtstag der Infantin; in: Die Erzählungen und Märchen, Leipzig 1922, S. 33.

werde. Da reißt er von einem Spiegel den Vorhang herab; das Scheusal, das er erblickt, hält er zunächst für seinen „bösen Feind", der ihn früher schon bisweilen aus der Klinge seines Schwertes oder der Fläche eines Glases angeäfft hat. Erst als er bemerkt, daß auch die Gestalt im Spiegel eine weiße Rose in der Hand hält, erkennt er die Wahrheit; an dieser Erfahrung zerbricht er und stirbt.

In dem Libretto ist die Fabel des Wildeschen Märchens durch Kürzung vieler Episoden auf die Begegnung mit der Infantin konzentriert, und diese Begegnung selbst breiter ausgeführt als bei Wilde. Die Naivität der Figuren — bei Wilde ein wesentliches Moment, das den Märchencharakter ausmacht — ist bei Klaren durch psychologisches Kalkül gebrochen: Sehr bewußt treibt die Infantin ihr kokettes Spiel mit dem Zwerg, und dieser verliert seine Naivität nicht erst in dem Augenblick, da er den Vorhang vom Spiegel reißt wie bei Wilde, sondern seit er die Prinzessin erblickt und sich in sie verliebt hat, vollzieht sich in ihm ein Bewußtseinsprozeß von den ersten dunklen Ahnungen bis zur Gewißheit seines Schicksals. Die Entdeckung seiner selbst im Spiegel führt den Endpunkt dieser inneren Entwicklung als szenische Aktion vor Augen. In der Titelfigur suchte der Librettist offensichtlich in Anlehnung an die Theorien Sigmund Freuds die Einheit von Liebes- und Todestrieb zu gestalten.

Das Instrument, das dem Zwerg gewissermaßen aus der Seele spricht, ist das Englisch-Horn. „Seine Töne sind schwermütig, träumerisch, edel, etwas verschwommen, gleichsam aus der Ferne kommend; kein anderes Instrument ist so gut geeignet, Bilder und Empfindungen vergangener Zeiten aufs neue zu erwecken."[24] Im Englisch-Horn erklingt, begleitet von gedämpften Posaunen, beim ersten Auftritt der Titelgestalt das „Zwerg-Thema" (Notenbeispiel 4):

Notenbeispiel 4

Der melodische Verlauf des Themas und die Harmonien, die es einrahmen, legen a-moll als Tonika nahe, auch die Harmoniefolge selbst läßt sich als erweiterte a-moll-Kadenz interpretieren, doch fällt es schwer, die Akkorde als harmonische Funktionen zu hören, da die Kadenz entstellt ist — besonders auffallend die Umdeutung des melodischen Leittons cis-des zur Terz von b-moll anstelle von A-dur. Sogar die in den ersten beiden Takten eindeutig

---

[24] H. Berlioz, Instrumentationslehre, ergänzt und revidiert von R. Strauss, Leipzig o. J., Bd. 1, S. 199.

geforderte Harmoniefolge a-moll—d-moll wird durch einen latenten F-dur-Septakkord verfremdet. In dieser Einblendung der Terzverwandten F in die Quintverwandten a und d ist das Prinzip der weiteren Fortschreitungen angelegt: die Umdeutung eines Tons in ein anderes Akkordintervall. Während aber bei der Folge a-(F)-d die Grundtöne jeweils die Terz des folgenden Akkordes bilden, deuten die folgenden Fortschreitungen nicht die Grundtöne, sondern die Terzen oder Quinten der Akkorde um, in der Folge d-moll—fis-moll etwa erscheint keiner der beiden Grundtöne in dem anderen Akkord, aber die Quint von d-moll a wird Terz von fis-moll; die Fortschreitungen benutzen Terzverwandtschaften zweiten Grades:

5 ——→ 3 ====→ 7 ----→ 3
6 ——→ 1 ——→ 3 ——→ 5 ——→ 3
5 ——→ 7 ——→ 9
1 ——→ 3 ——→ 5
Grundton: a (F) d b d fis H (F)

Das Netz der Terzverwandtschaften wird so ausgeweitet und differenziert, Dominanten werden bisweilen durch terzverwandte Klänge ersetzt wie z. B. in der Akkordfolge, während der der Zwerg die Prinzessin zum ersten Mal erblickt (Notenbeispiel 5):

Notenbeispiel 5

Die Tonfolge a-as-e in der Oberstimme läßt die Harmonisierung des as=gis mit der Dominante E-dur erwarten, diese wird aber ersetzt durch das terzverwandte As-dur. Alle Harmonien dieses Gedankens sind nicht quint-, sondern terz-verwandte Klänge von a-moll/A-dur, und zwar ersten und zweiten Grades:

3> ——→ 5 ——→ 3<
3 ←—— 1
F Aa f As

Terzverwandtschaften

1. Grades:	2. Grades:
Umdeutung des Grundtons	Umdeutung der Terz

Den ganzen harmonischen Komplex bindet ein Orgelpunkt, eine satztechnische Manier, die neben dem Dur-Moll-Wechsel gleichnamiger Tonarten das charakteristischste Detail von Zemlinskys Harmonik ist. Im Orgelpunkt wird das Prinzip der Umdeutung einzelner Töne, das der Verbindung terzverwandter Klänge zugrunde liegt, auf größere harmonische Flächen übertragen: die liegende Stimme scheint in der Beleuchtung wechselnder Klänge auf, ohne daß etwa entlegene Harmonien Modulationserwartungen weckten; der Orgelpunkt hindert den Fortgang der Harmonie und paralysiert Modulationstendenzen. Der introvertierte Zug, der dem Orgelpunkt eignet, fügt sich zum retrospektiven Charakter der Zemlinskyschen Harmonik und diese wiederum zu ihrem dramatischen Vorwurf. Wie in der „Florentinischen Tragödie" ist auch im „Zwerg" die Dramaturgie auf ein zentrales Ereignis, den Tod der Titelfigur, ausgerichtet. Aber es wird keine „große Tat" vollbracht — in dieser Oper wird sie nur mehr geträumt —, der Zwerg erwartet ahnungsvoll sein Schicksal, ohne ihm handelnd zu begegnen. Entsprechend hat sich auch die Musik gegenüber der der „Florentinischen Tragödie" verändert. Unter den Bedingungen des dramatischen Vorwurfs ist deren großer symphonischer Atem dahin, Polyphonie, thematische Arbeit und melodische Fortspinnung sind reduziert, die einzelnen Gedanken komprimierter gefaßt; in der Konzentration aufs Melodische erreicht der Satz bisweilen die Einfachheit einer Choralharmonisierung. Nicht nur die Ähnlichkeit zwischen den Gestalten des Zwergs und Alvianos, sondern auch Zemlinskys Distanz zu den herkömmlichen Garanten musikalischer Konsequenz, wie motivischer Arbeit und Fortspinnung, sowie die vermeintliche Nähe seiner Harmonik zur Technik, Akkorde als Farbwerte zu setzen, legen einen Vergleich der „Zwerg"-Partitur mit Opern Schrekers nahe. Die Traumszenen im ersten Akt des „Fernen Klangs" und im „Zwerg" bieten sich für einen solchen Vergleich an.

Die Szene, in der sich der Zwerg an seine Kindheit erinnert und von künftigen Abenteuern träumt (4 Takte nach Ziffer 133), weist durch die Instrumentation auf das Urbild Zemlinskyscher Traumszenen, den Beginn des zweiten Aktes von „Sarema", aber auch auf die Traumszene in „Der Traumgörge" zurück: Klarinetten, Posaunen und Harfe bilden einen Klangteppich, über dem sich die einzelnen melodischen Phrasen der Singstimmen und solistisch eingesetzter Bläser erheben; aber auch die Instrumentalpartien des klanglichen Hintergrundes sind in Figurationen individualisiert. In Schrekers Traumszene („Der ferne Klang", 1. Akt, Ziffer 78—86) grundiert die Harfe mit rauschenden Passagen über weite Strecken den Orchesterklang, die melodischen Phrasen im Orchester werden von Instrumenten in Verdoppelungen vorgetragen, die in den verschiedensten Kombinationen erzielten Mischklänge entsprechen dem Klangideal Schrekers, der den allzu deutlichen, differenzierbaren Klang verneinte und „im Dienste der Oper nur *ein* Instrument: das Orchester selbst" anerkannte[25]. Obwohl die Instrumentationstechnik beider Komponisten in der

[25] Fr. Schreker, Meine musikdramatische Idee; in: Musikblätter des Anbruch, 1. Jg., 1919, S. 7.

Bindung wechselnder Klangfarben Ähnlichkeiten aufweist, bestehen doch wesentliche Unterschiede zwischen der solistischen Instrumentenbehandlung, die Zemlinsky in der Tradition Mahlers bevorzugt, und der Schrekerschen Klangverschmelzung, die sich u. a. an die Instrumentation von Richard Strauss anlehnt.

Die Unterschiede in der Instrumentation sind natürlich in Unterschieden der Satztechnik insgesamt begründet. Neigt Schreker zu einem breiten Klangstrom, aus dem sich die melodischen Konturen nicht allzu deutlich herausheben, so ist Zemlinsky um prägnante Artikulation der melodischen Gestalten bemüht. Den Unterschieden in der Satztechnik entsprechen unterschiedliche dramatische Konzeptionen: Wie Schreker seine Hörer im Rausch der Klangfarben mitzureißen sucht, so will Alviano in den „Gezeichneten" die Bürger von Genua in seinem künstlichen Paradies, dem „Elysium", zur Ekstase befreien. Der Zwerg ist von Anfang an in seiner Welt gefangen — für ihn sind die Spiegel verhängt —, ihm ist die Möglichkeit genommen, den Menschen handelnd zu begegnen: sein ganzes Leben ist ein Traum.

„Der Zwerg" offenbart die Krise des Opernkomponisten Zemlinsky, der nicht mehr handelnde, sondern reflektierende Personen auf die Bühne stellt. Die Extravaganz des Stoffs, von der sich Zemlinsky Theatererfolg versprochen haben mochte, vermag den Widerspruch zwischen dem Sujet und den Ansprüchen der Gattung Oper nicht zu überdecken. Alban Berg schrieb nach dem Besuch der Wiener Generalprobe des „Zwergs" an seine Frau: „Das Stück wird keinen sehr großen Erfolg haben. Es ist viel Undramatisches drin, und das Dramatische hinwiederum von einer derart quälenden Tragik, daß es (wie z. B. das erste Auftreten des Zwergs) fast nicht zum Aushalten ist. Schad um die herrliche Musik. Freilich ist auch die Aufführung zweitklassig. ... Sieht man von all dem ab, ... so gibt es dank der unendlich süßen und überströmenden Melodik schon große Partien des Genießens!"[26]

„Der Kreidekreis"

Nach den beiden Einaktern „Eine florentinische Tragödie" und „Der Zwerg" komponierte Zemlinsky in den frühen dreißiger Jahren die abendfüllende Oper in drei Akten „Der Kreidekreis"; als Text liegt ihr das gleichnamige chinesische Singspiel in der Nachdichtung Klabunds zugrunde, aus dem später Bertolt Brecht Handlungselemente für sein Stück „Der kaukasische Kreidekreis" übernommen hat.

Fernöstliche Kulturen übten seit Ende des vorigen Jahrhunderts eine starke Faszination auf Europa aus, weil ihre fremdartigen Kunstwerke neue Gestaltungsweisen der europäischen Moderne anregten oder bestätigten. Japanische Holzschnitte, die auf eine perspektivische Darstellung verzichteten, beein-

---

[26] A. Berg, Briefe an seine Frau, München — Wien 1965, S. 526.

flußten den plakativen Stil Toulouse-Lautrecs; Claude Debussy, der auf der Pariser Weltausstellung ein javanisches Gamelan-Orchester gehört hatte, empfing von diesen Klängen Anregungen für seine Instrumentation und imitierte die fünfstufige javanische Tonleiter „Sléndro" durch die Ganztonleiter innerhalb des europäischen temperierten Tonsystems; Nachdichtungen östlicher Lyrik wurden in der Literatur geradezu Mode, wie z. B. jene berühmte Sammlung „Die chinesische Flöte" von Hans Bethge, aus der Gustav Mahler die Gedichte für seine Symphonie „Das Lied von der Erde" zusammengestellt hat. Gerade das „Lied von der Erde" macht aber auch deutlich, daß großer europäischer Kunst Exotismen nur als Einkleidungen ihres eigenständig Neuen dienten. In der Musik hatte sich für fernöstliches Kolorit ein Kanon satztechnischer Manieren ausgebildet: in der Melodiebildung werden pentatonische Tongruppen oder Ausschnitte der Ganztonleiter bevorzugt, in der Harmonik sind Parallelverschiebungen von Dreiklängen, von Quinten und Quarten charakteristisch, in der Instrumentation wird das Schlagzeug um „exotische" Idiophone (Gong, Xylophon) bereichert; melodische Linien werden durch Mixturen in mehreren Oktaven verdoppelt oder umgekehrt die Instrumentation verdünnt und als melodietragende Instrumente Holzbläser in extremen Lagen verwendet.

Fernöstliches Lokalkolorit in Literatur, bildender Kunst und Musik genügte aber nicht nur dem Reiz des Fremden, vielmehr gewann der Exotismus die Bedeutung eines neuen, unverbrauchten Märchenraumes, in dem Utopie noch möglich war. Auch „Der Kreidekreis" zeigt in seiner Handlung u. a. märchenhafte Züge:

1. Akt: Haitang, die Tochter eines armen Gärtners, wird von ihrer Mutter an den Teehausbesitzer Tong verkauft. Ihr Vater hatte sich wegen der rücksichtslosen Steuereintreibungen des Mandarins Ma vor dessen Haus erhängt, und da ihr Bruder Tschang Ling, ein revolutionärer Träumer, nicht imstande ist, die Familie zu ernähren, ist die Witwe auf den Erlös aus dem Verkauf Haitangs angewiesen, um überleben zu können. Im Teehaus erscheinen Pao, ein Prinz aus altem Adelsgeschlecht, der sich in Haitang verliebt, und Ma — eben jener reiche Mandarin, der Haitangs Vater in den Tod getrieben hat. Als Ma Haitang dem Besitzer des Etablissements abkaufen will, versucht Pao, den Mandarin zu überbieten; doch schließlich erhält Ma den Zuschlag.

2. Akt: Haitang hat Ma einen Sohn geboren. Der Mandarin hat sich von seiner ersten Gattin Yü Pei, die kinderlos geblieben ist, abgewandt, und ist durch Haitangs Liebe zu einem guten Menschen geworden. Haitangs Bruder ist einer revolutionären Bruderschaft beigetreten und hat den Auftrag erhalten, Ma zu töten. Haitang kann jedoch einen Aufschub des Attentats erwirken. Yü Pei erfährt durch einen Vertrauten ihres Gatten, daß Ma sein Testament zugunsten Haitangs und ihres Sohnes ändern will. Um dies zu verhindern, vergiftet sie Ma und lenkt den Verdacht auf Haitang, die daraufhin verhaftet wird.

3. Akt: Vor Prozeßbeginn besticht die erste Gattin den Richter Tschu Tschu und die Zeugen. Diese, Haitangs Hebamme und zwei von der Straße aufgelesene Kulis, erklären vor Gericht den Sohn Mas für Yü Peis Kind, damit an sie das Erbe falle. Bei der Aufklärung des Mordes leistet sie den Eid, daß die, die nicht die Mutter des Kindes ist, auch Ma vergiftet hat — Haitang wird zum Tode verurteilt. Da trifft eine Stafette aus Peking ein, die den Tod des

Kaisers meldet. Sein Nachfolger, Prinz Pao, hat alle Todesurteile suspendiert und sämtliche Personen, die an dem Prozeß beteiligt sind, zur Überprüfung des Urteils nach Peking beordert; denn seine erste Amtshandlung soll im Zeichen der Gerechtigkeit stehen. Tschang Ling aber, der den Prozeß seiner Schwester verfolgt hat, ruft zornig, der neue Kaiser werde auch nicht besser als der alte sein, und wird wegen Majestätsbeleidigung ebenfalls in Haft genommen. Haitang und ihr Bruder geraten bei der Überführung in die Hauptstadt in einen Schneesturm. Im Thronsaal zu Peking überprüft der Kaiser das Urteil: mit Kreide läßt er einen Kreis auf dem Boden ziehen, das Kind in die Mitte legen und beide Frauen je eine Hand des Knaben ergreifen; der echten Mutter werde es gelingen, das Kind aus dem Kreis zu ziehen. Yü Pei reißt das Kind zu sich herüber, Haitang dagegen läßt es los, um es nicht zu verletzen. Dadurch erweist sie sich als die richtige Mutter. Yü Peis Schwur richtet sich jetzt gegen sie selbst und entlarvt sie als Mas Mörderin. Der Kaiser Pao aber gesteht Haitang, daß er in der Nacht, in der sie an Ma verkauft wurde, in das Haus des Mandarins eingedrungen sei und sie im Schlaf geliebt habe — was Haitang nur geträumt zu haben glaubte, war Wirklichkeit: ihr Kind ist des Kaisers Sohn, sie selbst wird zur Kaiserin erhoben.

An Märchen erinnert die Fabel vor allem durch das auf wunderbare Weise herbeigeführte Happyend und durch die magische Kraft, die dem Symbol des Kreidekreises zuerkannt wird. Dem Märchen entsprechen auch die typisierten Figuren, die trotz der Bearbeitung Klabunds nicht die Qualität von Charakteren erreichen; denn Gut und Böse, Verblendung und Weisheit, Liebe und Haß sind rein geschieden, und selbst Figuren wie Ma und Tschang Ling, die sich im Verlauf der Handlung ändern, fehlt jene Tiefendimension klassischer Dramaturgie, in der Handlung und Charakter als wechselseitige Momente miteinander verknüpft sind.

Dem Gegensatz von Gut und Böse entspricht der Kontrast von Arm und Reich, der zum antithetischen Weltbild des Märchens paßt. Gegen diese Ordnung begehren der Vater und der Bruder Haitangs auf, der eine durch Selbstmord, der andere durch seinen Beitritt zu einer revolutionären Bruderschaft. Indem das Böse spezifiziert wird als sittliche Zerrüttung der Oberschicht, als Brutalität der kaiserlichen Beamten, als Bestechlichkeit der Richter, erhält „Der Kreidekreis" eine — wenn auch zaghafte — sozialkritische Nuance und durchbricht damit die Sphäre des Märchens.

Dem Charakter des Märchens, das die ganze „Aussage" in Handlung umsetzt, widersprechen auch die lyrischen Episoden im „Kreidekreis", in der die Personen aus der Handlung heraustreten und ihre Situation reflektieren. Diese verschiedenen Aspekte des Librettos fügen sich allerdings nicht bruchlos zusammen: die Märchenatmosphäre wird durch die „revolutionären" Untertöne durchbrochen, dem Aufbegehren gegen die soziale Ordnung widerspricht die verinnerlichte Haltung der Hauptperson Haitang. Die Verbindung von märchenhafter Utopie, Sozialkritik und Innerlichkeit ist zu viel des Guten im wahrsten Sinne des Wortes.

Leider hat sich die Uneinheitlichkeit des Librettos auch auf Zemlinskys Musik ausgewirkt. Auch sie zerfällt in verschiedene Stilkomponenten: chinesisches Kolorit erscheint in der Besetzung des Orchesters, das um Gongs und andere exotisch wirkende Instrumente bereichert ist; die Flöte, im europäischen

Kulturraum als *das* chinesische Melodieinstrument empfunden, tritt häufig solistisch hervor; die Melodik vermeidet oft Halbtonschritte und erhält dadurch pentatonischen Charakter. Eine andere Klangwelt ist dem Bereich des „Bösen“ zugeordnet. So wird gleich zu Beginn der Oper die Bordellatmosphäre im Teehaus durch eine Musik wachgerufen, deren instrumentale Besetzung an den Jazz erinnert; über der ostinaten Begleitung von Pauken (statt Schlagzeug), einem mit dem Besen geschlagenen Becken, Baß und Klarinetten in tiefer Lage spielt das Tenorsaxophon eine songähnliche Melodie; wie später in Bergs „Lulu“ wird das Saxophon von Zemlinsky zur Charakterisierung erotischen Fluidums eingesetzt. Der Teehausmusik steht der stilisierte Schreittanz nahe, der zu Beginn des dritten Aktes den Auftritt des Richters Tschu Tschu begleitet. In dieser Tanzparaphrase werden Floskeln aus der vom Jazz beeinflußten Unterhaltungsmusik der zwanziger Jahre verarbeitet, ohne daß ein bestimmter Tanzcharakter vorherrschend wäre. Ferner ist einerseits die rhythmische Artikulation, andererseits der sentimentale Gestus der Melodik (durch Glissandi in den Streichern) forciert, so daß sich Melodie und Rhythmus nicht auf den für die Tanzmusik typischen „Swing“ einstimmen. Dadurch gewinnt die Musik einen parodistischen Zug und steht der Adaption von Unterhaltungsmusik durch Komponisten wie Weill oder Strawinsky näher als dieser selbst. Primitive Deklamation mit vielen Tonwiederholungen kennzeichnet die beiden Kulis, die vor Gericht die Aussagen Yü Peis bedenkenlos nachschwatzen. An den aggressiven Ton Strawinskys erinnert durch rhythmische Komplikationen und Passagen mit scharf skandierender Deklamation die musikalische Charakterisierung Mas im ersten Akt. Strauss'schen Tonfall parodiert Zemlinsky, als Haitangs Hebamme über die Schande lamentiert, vor Gericht erscheinen zu müssen. Eine bewußte Anspielung auf Mahler stellt das Lied des Soldaten im vorletzten Bild („Schneesturmlandschaft“) dar; der akzentuierte Marschrhythmus und die Begleitung der Blechbläser, die im Piano wie aus der Ferne klingen, erinnern an Mahlers „Zu Straßburg auf der Schanz“ oder „Der Tambourg'sell“. Seinen eigenen expressiven Ton findet Zemlinsky in den Partien der guten Personen Tschang Ling, Ma (im 2. Akt), Prinz Pao und besonders Haitang; Situationen, in denen die Figuren ihre Lage reflektieren und dadurch der Musik Möglichkeit zum lyrischen Verweilen geben, erinnern an Lieder Zemlinskys, so etwa Haitangs Gesang nach ihrer Verurteilung „Himmlisches Licht, hast du dich ganz verstellt ...“ an das dritte Lied der Maeterlinck-Gesänge (siehe unten Seite 92f.).

Mit diesen Stilschichten korrespondieren Abstufungen des Verhältnisses von Sprache und Musik, die ebenfalls die dramatischen Personen charakterisieren: Sprechen ohne Musik, Sprechen mit Orchesterbegleitung (Melodram) und Gesang; zwischen Melodram und Gesang vermitteln verschiedene Grade deklamierenden Singens. Der Richter Tschu ist eine reine Sprechrolle, der Teehausbesitzer Tong und der böse Mandarin des ersten Aktes sprechen oder singen in skandierendem Tonfall, nur den guten Figuren — also dem Mandarin des zweiten Aktes, Tschang Ling, Prinz Pao und vor allem Haitang — ist ein ausdrucksvolles Melos von liedhafter Prägung zugewiesen.

Im „Kreidekreis“ ist Zemlinskys dramatischer Stil durch Reduktion auf musikalische Einzelcharaktere vereinfacht, eine Konfiguration von Stilen, die den einzelnen dramatischen Figuren zugeordnet sind, begleitet die Verwicklungen der Handlung. Diese musikdramaturgische Konzeption, die der statischen, unpsychologischen Handlungsführung des Märchens zu entsprechen sucht, führt Zemlinsky stilistisch an den Rand der Selbstverleugnung, indem er mit fremden Idiomen arbeitet, ohne sie zu einer Einheit zusammenzwingen zu können.

LIEDER

Neben den Opern nehmen die Lieder in Zemlinskys Oeuvre einen breiten Raum ein; allerdings beschäftigten sie den Komponisten nicht mit der gleichen Stetigkeit wie die Bühnenwerke, sondern entstanden hauptsächlich in der ersten Lebenshälfte (etwa bis 1910) und im Alter während der dreißiger Jahre. Die Produktivität des jungen Zemlinsky auf dem Gebiet der Liedkomposition mochte durch die günstigen Aufführungsmöglichkeiten in den privaten musikalischen Vereinigungen und durch das Gewicht motiviert sein, das im Kreis um Brahms der Gattung beigemessen wurde; jedenfalls sind von den Werken, die Zemlinsky bis 1913 zählte, über die Hälfte Liederhefte — danach setzt die Publikation von Liedern für fast zwanzig Jahre aus. Diese Abkehr vom Lied nach 1910, die während der Prager und Berliner Zeit anhält, entspricht allerdings einer Tendenz der Zeit und dürfte weniger aus der Biographie des Komponisten als durch die Gattungsgeschichte des Liedes zu begründen sein.
Durch Schubert und Schumann hatte das Lied in der ersten Hälfte des 19. Jahrhunderts den Schein einer peripheren Gattung verloren; denn wie bereits das Streichquartett für den Instrumentalkomponisten, so war nun durch ihr Wirken das Sololied mit Klavierbegleitung für den Vokalkomponisten die anspruchsvolle Gattung mit kleiner Besetzung geworden, in der er sich ausweisen und den musikalischen Zirkeln und Vereinen des Bürgertums vorstellen konnte. In Schuberts Werk hatte die Gattung ihren ersten und für die Nachwelt wegweisenden Höhepunkt gefunden: alle formalen Möglichkeiten, die sich den späteren Liedkomponisten boten, sind hier bereits entwikkelt, vom einfachen und variierten Strophenlied bis zum durchkomponierten Gesang — je nachdem die musikalische Form mehr das Allgemeine oder das Individuelle eines Gedichts hervorheben sollte bzw. sich in dem Lied eher eine Gemeinschaft von Menschen oder ein Individuum ausdrückte. Schumann eröffnete in seinen Liedern vor allem neue Möglichkeiten der „Gleichwertigkeit und Verschränkung von Klavierstimme und gesungenem Text“[1]. Der

[1] D. Conrad, Schumanns Liedkomposition — von Schubert her gesehen. Einwendungen zu Thr. Georgiades, Schubert. Musik und Lyrik; in: Die Musikforschung, 24. Jg., 1971, S. 150.

Gegensatz zwischen „Klassizisten“ und „Neudeutschen“, der sich gegen Mitte des Jahrhunderts herausbildete, wurde dann auch für die Entwicklung der Gattung Lied bestimmend, da sich unterschiedliche Vorstellungen von Ausdruck im Lied entwickelten. Die eine hatte ihr Ideal in der Schlichtheit des Volksliedes[2], dessen Einheitlichkeit es gegen die wechselnden Anforderungen des Textes zu wahren galt, die andere jedoch gerade in einer möglichst intensiven musikalischen Textausdeutung; gegen Ende des Jahrhunderts wurden beide Richtungen durch Johannes Brahms und Hugo Wolf repräsentiert. Gustav Mahler, der für den Liederkomponisten Zemlinsky von besonderer Bedeutung ist, entzieht sich der Zuordnung zu einer dieser beiden Richtungen. Obgleich ihm wohl kaum Parteinahme für den Wiener Klassizismus unterstellt werden kann, mutet sein Liedschaffen als ein Gegenentwurf zu jenem literarisierten Liedstil an, wie er etwa in Hugo Wolfs „Gedichten für eine Singstimme und Klavier“ ausgeprägt war; Mahler realisierte, ausgehend von den gebrochenen Volksliedern seiner Jugendzeit, noch einmal das Strophenlied als „Bezugszentrum der Gattung“[3], das als Folie hinter den einzelnen, jeweils individuell geprägten Gesängen gegenwärtig ist. Abweichen vom „Bezugszentrum der Gattung“, das als solches erkennbar bleibt und den Bezug nicht völlig aufgibt, ist das formbildende Prinzip in Mahlers Liedern. Schönberg dagegen löst sich in seiner Lyrik von diesem Bezug und überwindet die Periodik (von Wagner „Quadratur des Tonsatzes“ genannt) in einer sich frei entfaltenden „musikalischen Prosa“[4]; sein „Pierrot lunaire“ op. 21, der den Höhepunkt dieser Entwicklung bildet, ist eher der Gattung Kammermusik als der des Liedes zuzurechnen, sofern solche Unterscheidungen überhaupt noch sinnvoll sind. Das Interesse am Lied schwindet während des Ersten Weltkrieges bei vielen Komponisten (Ausnahme: Webern) und erwacht erst wieder mit den historisierenden und restaurativen Tendenzen der zwanziger Jahre.

Zu den frühen Liedern

Die Lieder, die Zemlinsky etwa bis zur Jahrhundertwende veröffentlichte, gliedern sich in zwei Gruppen, die stilistisch zu unterscheiden sind: op. 2 (u. a. nach Gedichten von Paul Heyse und Theodor Storm), op. 5 (u. a. Heyse und Detlef von Liliencron) und op. 6 (Gregorovius) zeigen den Einfluß von Brahms und Anklänge an Schumann; mit der Vertonung jüngerer Lyrik in op. 7 (u. a. Richard Dehmel und Jens Peter Jacobsen) setzt die Übernahme Wagnerscher Stilelemente ein, die dann in op. 8 (Jacobsen und Liliencron)

---

[2] „Volkslied“ wird hier lediglich als stilistischer, nicht als sozialgeschichtlicher Begriff gebraucht.

[3] W. Wiora, Das deutsche Lied. Zur Geschichte und Ästhetik einer musikalischen Gattung, Wolfenbüttel und Zürich 1971, S. 18.

[4] Siehe C. Dahlhaus, Musikalische Prosa; in: Neue Zeitschrift für Musik, 125. Jg., 1964, S. 176—182.

und op. 10 (u. a. Julius Bierbaum, Christian Morgenstern und Jacobsen) weiter verarbeitet werden.

In diesen frühen Liedern bevorzugt Zemlinsky die Form des variierten Strophenliedes, in der sich volksliedhafte Einfachheit mit kunstvoller Differenzierung verbinden läßt. Exemplarisch dafür ist das Lied „Der Himmel hat keine Sterne" op. 2, Nr. 2, auf ein Gedicht von Paul Heyse, das Zemlinsky in der ersten Hälfte der neunziger Jahre komponiert hat:

Der Himmel hat keine Sterne so klar,
das Meer so keine Korallen,
wie mir ein Menschenaugenpaar
und Menschenlippen gefallen.

Er wandert über die Sterne dahin,
er wandert über dem Meere,
er geht mir immer durch den Sinn,
dem ich zu Eigen gehöre.

Der Text läßt Paul Heyse, den virtuosen Novellisten und Nobelpreisträger für Literatur (1910), als Lyriker nicht gerade im günstigsten Licht erscheinen; doch ist weder die literarische Qualität eines Gedichtes als Kriterium für die Beurteilung einer Liedkomposition maßgebend, noch ist natürlich der Text für die Komposition vollkommen belanglos, vielmehr muß er gerade deshalb ernstgenommen werden, weil der Komponist dies tat, als er ihn vertonte.

In beiden Strophen des Gedichts sind zwei Vorstellungsbereiche angesprochen: in den beiden ersten Zeilen jeweils die äußere Welt, in den beiden letzten jeweils die innere Verfassung des Ichs. Beide Bereiche werden in der ersten Strophe zueinander in Beziehung gesetzt, indem die innere Erfahrung mit der äußeren verglichen wird. Aber dieser Vergleich gerät schief; denn einerseits können „Koralle" und „Mund" nur als Metapher verbunden sein (Korallenmund), da das tertium comparationis (rot) ausgespart ist, andererseits ist aber in unterordnender Fügung ausdrücklich ein Vergleich formuliert („so ... wie ... "), in dessen Teilsätzen allerdings Subjekt, Prädikat und Objekt gleichzeitig verschieden sind, so daß nicht klar ist, was womit verglichen werden soll[5]. Daß diesen Worten nichts Vorgestelltes oder Erlebtes zugrunde liegt, wird schließlich durch die Verneinung des Vergleichs eingestanden, die zwar als rhetorische Steigerung gemeint ist (nicht so klar = noch klarer), zugleich aber die Vergleichbarkeit von Ich und Welt in Frage stellt. Der Einklang von Welt und Ich ist getrübt; der Versuch, die bereits verbrauchten poetischen Wendungen durch Negation zu überbieten, schlägt in der Weise um, daß sich dem Dichter die Worte vor die Dinge schieben. Infolgedessen gewinnt ein gestörtes Verhältnis von Ich und Welt Gestalt, ohne daß es gestaltet wäre. Folgerichtig setzt der Versuch, den Bezug zwischen Subjekt und Wirklichkeit sprachlich darzustellen, in der zweiten Strophe aus. Zwar sprechen auch hier die beiden ersten Zeilen von der äußeren, die beiden letzten von der inneren

[5] Die Analyse richtet sich lediglich gegen grammatikalische Widersprüche, nicht gegen Vieldeutigkeit in der lyrischen Sprache.

Welt, aber beide Strophenteile sind ohne Vergleich einander nebengeordnet; lediglich die Wiederaufnahme der Bilder „Sterne" und „Meer" legt eine Parallele zur Satzfügung in der ersten Strophe nahe.
Bei Betrachtung des betont schlichten Liedes gewinnt man den Eindruck, als sei Zemlinsky sich der Problematik des Gedichts halb bewußt gewesen; denn sie wird durch einige Formmomente der Komposition verdeutlicht, durch andere aber übergangen. Zemlinsky verwendet in seinem Lied ein einziges Melodiemodell, das aus zwei Phrasen besteht und jeweils zwei Textzeilen zusammenfaßt; dieses Modell wird nicht variativ entwickelt[6], sondern lediglich der wechselnden Silbenfüllung der Verse angepaßt und in unterschiedliche Tonarten transponiert. So werden je zwei Textzeilen, die dem einen oder anderen Vorstellungsbereich angehören, zu einer melodischen Einheit verbunden, die — mit Änderungen im Detail — insgesamt viermal erklingt. Diese dreifache Wiederholung des gleichen Modells wird differenziert durch die Schlußwendungen und durch die Harmonik. Die melodischen Bögen, die die ersten Zeilenpaare beider Strophen zusammenschließen, enden auf einer Dominante, die der zweiten Zeilenpaare auf einer Tonika. Obwohl sich diese Halb- und Ganzschlüsse auf verschiedene Tonarten beziehen, vermitteln sie jeweils zwischen zwei benachbarten Varianten des Melodiemodells ein Verhältnis von Vordersatz und Nachsatz; diese Relation in der musikalischen Gliederung ist eine Parallele zum „so ... wie ... " im Text der ersten Strophe und wird in der zweiten Strophe wiederholt, obwohl die syntaktische Parallele im Gedicht aufgegeben ist. Zwar könnte dies als eine Interpretation des Gedichtes durch den Komponisten in dem Sinne verstanden werden, daß die Beziehungslosigkeit von Ich und Welt in der zweiten Strophe durch die Musik überwunden werden soll, aber andererseits ist gerade in der ersten Strophe, in der diese Beziehung als brüchig zu erkennen ist, auch das Verhältnis von Vordersatz und Nachsatz durch die Harmonik kompliziert: der Vordersatz mit dominantischem Schluß steht in F-dur, der Nachsatz aber ist unvermittelt nach As-dur gerückt. Die Geste des Sich-Öffnens und -Schließens ist zwar im Vorder- und Nachsatz bewahrt, aber die Harmonik schließt sich nicht, sondern beide Teilsätze sind in konzisen Tonartenkomplexen voneinander abgesetzt; der äußeren Erfahrung ist die Tonika, der inneren eine entferntere Tonart zugeordnet. In Textvertonungen den Bereich der Tonika bzw. tonale Zentrierung der äußeren Wirklichkeit, dem Allgemeinen, Verbindenden zuzuordnen, entferntere Tonarten bzw. tonale Dezentrierung aber der inneren Wirklichkeit, dem Besonderen, Isolierten, entspricht einer ausgeprägten Tradition des 19. Jahrhunderts, die mindestens bis Schubert zurückzuverfolgen ist. Das Besondere an Zemlinskys Komposition ist also weniger diese Zuordnung selbst, als die reinliche Scheidung, mit der sie in der ersten Strophe vollzogen ist. Zemlinsky führt jedoch diesen Ansatz in seiner Komposition nicht konsequent durch. Zwar steht die erste Hälfte der zweiten Strophe wie die der ersten

[6] Zum Begriff der „entwickelnden Variation" siehe u. a. A. Schönberg, Criteria for the Evaluation of Music; in: Style and Idea, hrsg. von L. Stein, London 1975, S. 124 ff., besonders S. 129.

in F-dur — eine Parallele zur Wiederholung der Bilder „Sterne“ und „Meer“ im Text —, auch wendet sich die Harmonik zu Beginn der zweiten Strophenhälfte mit A-dur abermals einer entfernteren Tonart zu, aber in der letzten Zeile „dem ich zu Eigen gehöre“, die das persönlichste Bekenntnis enthält, kehrt die Harmonik nach F-dur zurück. Der Ansatz, äußere und innere Erfahrung durch unterschiedliche tonale Ebenen voneinander abzugrenzen und so die Verwandtschaft, die der Gebrauch des gleichen melodischen Modells zwischen ihnen stiftet, zu relativieren, kollidiert mit der Notwendigkeit, die volksliednahe Komposition mit einer ausreichend befestigten Tonika abzuschließen. Zemlinsky hätte entweder auf die musikalische Darstellung der Differenz beider Erfahrungsbereiche verzichten oder eine Form wählen müssen, die dem Volkslied weniger nachempfunden war und die Befestigung der Tonika etwa durch ein Klaviernachspiel erlaubt hätte. Gedicht und „Volkslied“ stimmen nicht zusammen. Indem Zemlinsky dies in seiner Komposition nur ansatzweise realisiert, schieben sich ihm — wie dem Dichter die Wörter — die tradierten Formen vor die Wirklichkeit.

Dem Volksliedideal nähert sich Zemlinskys Lied durch die Regelmäßigkeit der Melodik, die auf variierter Wiederholung eines einzigen melodischen Modells beruht, als Kunstlied ist es geprägt durch die Harmonik, deren Differenzierung sich aber nicht aus der Melodik ableitet. Diese Art musikalischer Gestaltung führt zu einem gewissen Widerspruch zwischen den beiden Dimensionen des Tonsatzes. Ein Vergleich mit Schönbergs „Hochzeitlied“ op. 3, Nr. 4 (1899), nach einem Gedicht von Jacobsen, macht dies deutlich. Zwar ist das Lied Schönbergs einige Jahre später entstanden als das Zemlinskys und daher sein musikalisches Material etwas moderner, aber seine harmonische Disposition G-B-G-H-G ist eine genaue Transposition des Zemlinskyschen Harmoniemodells; von Zemlinskys Lied, das vielleicht als Vorbild diente, unterscheidet sich jedoch Schönbergs Komposition dadurch, daß die einzelnen Tonartenkomplexe stärker auskomponiert sind und dadurch untereinander in intensiverer Wechselbeziehung stehen, und daß die Singstimme in die harmonische Bewegung integriert ist. So werden bereits in Jugendkompositionen beider Komponisten unterschiedliche Stiltendenzen deutlich: während Schönberg einen in allen Dimensionen gleichmäßig entwickelten Satz erstrebt, sichert Zemlinsky Wagnisse in der einen Dimension durch bewußte Zurückhaltung in einer anderen ab.

Diese unterschiedlichen Tendenzen sind in einer Differenz des musikalischen Denkens begründet. Der musikalische Satz entfaltet sich bei Zemlinsky im Vergleich zu Schönberg weniger als konstruktive Entwicklung, die durch motivische Arbeit aus kleinen Zellen immer größere musikalische Komplexe aufbaut, vielmehr ist er auf größere musikalische Einheiten — etwa in der Größenordnung einer Periode — als Bauelement gegründet, die zunächst in einfacher Setzart erscheinen, dann in Details variiert werden und — meist in größeren Formen — sogar so komplizierte Umformungen erfahren, daß der Zusammenhang der Varianten mit dem Modell nicht mehr als Gestaltverwandtschaft, sondern nur mehr in einer Dimension des Satzes zu erkennen ist; aus dieser Konzeption ergibt sich für Zemlinsky die Notwendigkeit, starke

Veränderungen in einer Ebene des Satzes durch Konservierung einer anderen aufzufangen und dadurch die Logik des Satzes zu garantieren. Variantentechnik und motivische Arbeit sind als gegensätzliche Gestaltungsprinzipien freilich nur Ergebnis einer Abstraktion und treten nicht in säuberlicher Trennung auf, sondern sind bei wechselndem Schwergewicht der einen oder anderen Technik stets miteinander verflochten.

Die Variantentechnik bietet vielfältige Möglichkeiten, einen Gedichttext zu interpretieren. Ein Text kann nämlich nicht nur durch die Kopplung satztechnischer Details melodischer, harmonischer oder rhythmischer Art an einzelne Wörter oder Wortgruppen gedeutet werden — für diese Art gab es im 17./18. Jahrhundert ein differenziertes System „musikalisch-rhetorischer Figuren" —, sondern auch durch die Zuordnung bzw. Abgrenzung von Wortgruppen oder Zeilen durch gleiche, ähnliche oder verschiedene Melodiezeilen, die durch Variantenbildung miteinander im Zusammenhang stehen; dieser Zusammenhang kann im Sinne der Variantentechnik auch nur durch eine Dimension des Satzes gestiftet werden. Darüber hinaus ist von Wichtigkeit, welche Textabschnitte zu einer musikalischen Einheit, sei es eine Phrase, ein periodenartiges Gebilde oder eine Strophe, zusammengeschlossen werden — Textstrophe und musikalische Strophe müssen z. B. nicht übereinstimmen. Bei der Interpretation eines Gedichtes durch Überlagerung eines Gefüges musikalischer Beziehungen kommt der Tonalität als einem Mittel, musikalischen Zusammenhang zu stiften, besondere Bedeutung zu. Aus der Tradition des 18./19. Jahrhunderts erhielt sie die semantische Funktion, den Zusammenhang von Ich und Welt musikalisch darzustellen: je schwieriger es für den Menschen war, sich in einem Zusammenhang mit der Welt zu erleben, um so mehr kompliziert sich die tonale Harmonik bzw. ihr Verhältnis zu anderen Dimensionen des Satzes; Zemlinskys Lied auf den prekären Text von Heyse verdeutlicht diese Funktion der Tonalität. Um die Jahrhundertwende bahnt sich dann allerdings ein Umschlag in der Bedeutung der Tonalität an, den Zemlinskys stilistische Entwicklung in der Liedkomposition erhellen wird.

Die beiden Liederhefte op. 2, die 1897 erschienen und wohl eine Auswahl der Liederkompositionen aus den Jahren 1892—96 darstellen — die einzelnen Lieder sind nicht datierbar, da die Manuskripte verschollen sind —, bilden den Ausgangspunkt für Zemlinskys weitere stilistische Entwicklung in dieser Gattung; sie zeigen — je nach Genre des einzelnen Liedes — Einflüsse verschiedener Komponisten. Volksliedartige Gesänge („Altdeutsches Minnelied") erinnern in der Setzweise an Brahms, musikalische Stimmungsbilder eher an Schumann — so z. B. „Frühlingstag" (K. Siebel), dessen Klaviersatz in Schumannscher Art aufgelockert ist: drei reale Stimmen bilden komplementäre Rhythmen, die in der Harmonik zu Vorhaltsketten ausgeformt werden. Neben seltenen Anklängen an Schubert („Um Mitternacht", J. Rodenberg, Takt 26—33) begegnet man in zwei Liedern einem Ton, der von Mahler vertraut ist. In „Der Liebe Leid" (Aus dem Türkischen) sind es die fallenden Terzen- bzw. Sextenparallelen in punktiertem Rhythmus, die „klagend" (Zemlinskys Vortragsbezeichnung) das ganze Lied durchziehen — gerade dieses Insistieren auf einem Typischen, das nicht gelegentlich aufgegriffen, sondern forciert wird, erinnert an Mahler; ähnlich werden in dem Lied „Vor der Stadt“ (Eichendorff) erstarrte satztechnische Manieren („Hornquinten“) über wechselnden Harmonien beibehalten und durch den für Mahler besonders charakteristischen Dur-Moll-Wechsel gefärbt (Notenbeispiel 6):

Notenbeispiel 6

Zur Entstehungszeit von op. 2 lagen von Mahler allerdings erst die „Lieder und Gesänge“ (Schott, 1892) im Druck vor. Es ist zwar nicht ausgeschlossen, jedoch unwahrscheinlich, daß Zemlinsky sie kannte, da Mahler sich als Komponist in Wien erst seit seiner Tätigkeit als Hofoperndirektor durchzusetzen begann. Eher ist anzunehmen, daß Zemlinsky eigenständig bereits einen Ton entwickelt hatte, der dem Mahlers ähnlich war, ehe er durch die Begegnung mit Mahlers Person auch mit dessen Musik vertraut wurde.

Die Nähe zur musikalischen Welt Mahlers ist zwar nur in wenigen Liedern aus Zemlinskys Frühwerk spürbar, aber zugleich zeigen einige frühe Kompositionen trotz intensiver Nachahmung Brahms'scher satztechnischer Manieren die Differenz zwischen der eigenen musikalischen Vorstellung und der durch das große Vorbild Brahms geprägten Tradition. Diese Differenz wird deutlich an Zemlinskys Lied „Tiefe Sehnsucht“ (aus op. 5) nach einem Text von Detlef von Liliencron, den auch Brahms unter dem Titel „Maienkätzchen“ vertont hat (op. 107, Nr. 4, komponiert 1886).

> Maienkätzchen, erster Gruß,
> ich breche dich[7] und stecke dich
> an meinen alten Hut.
>
> Maienkätzchen, erster Gruß,
> einst brach ich dich[7] und steckte dich
> der Liebsten an den Hut.

---

[7] Bei Brahms: „euch“.

In Liliencrons Gedicht ist ähnlich wie in Heyses „Der Himmel hat keine Sterne“ von einer äußeren und einer inneren Erfahrung die Rede: in der ersten Strophe vom gegenwärtigen Erleben der Natur — das Detail „Maienkätzchen“ ist als „erster Gruß“ Vorbote des Frühlings —, in der zweiten von der Erinnerung an ein vergangenes Erlebnis. Zemlinsky und Brahms setzen in ihren Kompositionen beide Erfahrungen auf verschiedene Weise zueinander in Beziehung. In Zemlinskys Lied sind beiden Textstrophen fast gleiche musikalische Gedanken zugeordnet, die im wesentlichen nur in der melodisch-harmonischen Schlußbildung voneinander abweichen; sie bilden den Vordersatz und Nachsatz einer Periode, als die das ganze sechzehntaktige Lied anzusehen ist. — Brahms wählt, obwohl das Gedicht eine einfache strophische Anlage ermöglicht, eine kompliziertere Form, die zwischen durchkomponiertem Gesang und variiertem Strophenlied vermittelt. In seiner Komposition hat die zweite Strophe das Übergewicht, da sie durch die Wiederholung jeder Zeile fast doppelt so lang ausfällt wie die erste. Ist durch diese Proportion die Form des variierten Strophenliedes bereits in Frage gestellt, so wird sie vollends dadurch gefährdet, daß die Singstimme bei den Worten der Erinnerung „einst brach ich euch . . . “ die Zeilenkorrespondenz zur ersten Strophe verläßt und in einer emphatischen Sequenz über fallenden Quintschritten der Harmonien (c-F-B-Es-As) einen Gedanken verfolgt, der im Gesangstext der ersten Strophe ausgespart und dem Klavier als Vor- bzw. Zwischenspiel vorbehalten blieb.

Aus der unterschiedlichen musikalischen Gestaltung des Verhältnisses zwischen gegenwärtigem Leben und Erinnerung läßt sich eine Differenz im Weltverständnis beider Komponisten ableiten. Brahms gestaltet die Strophe der Erinnerung durch neue kompositorische Elemente als konstruktive Steigerung der Strophe der gegenwärtigen Erfahrung; das innere Bild der Vergangenheit, die Erinnerung, erneuert sich durch gegenwärtige Erfahrung, die in der Begegnung mit der Außenwelt (Natur, Frühling) zustande kommt. Dieses Moment der Erneuerung ist in Brahms' Lied eingegangen, Erinnerung ist ein gesteigertes Bild des außen Erfahrenen. Bei Brahms bilden Erleben von Gegenwart und Vergangenheit, ohne daß ihre Differenz aufgehoben wäre, ein unteilbares Ganzes wie das Lied, das nicht auf *einen* wesentlichen Formteil, dessen Wiederholung die gesamte Form ergibt, zu reduzieren ist. Anders bei Zemlinsky: Gegenwart und Vergangenheit sind als Vordersatz und Nachsatz einer Periode sehr ähnlich gestaltet und auf ein Modell zurückzuführen, dessen variierte Wiederholung die Gesamtform ergibt; in diesem Sinne ist Zemlinskys Lied ein teilbares Ganzes. Diese Teilbarkeit verbietet es, das einfache Verhältnis von Gegenwart und Vergangenheit durch analoge Formung als Vordersatz und Nachsatz für Naivität zu nehmen, vielmehr hat diese Konjunktion beider Erfahrungsbereiche in einer Periode — in Umkehrung ihres ursprünglichen Sinns — eine vereinzelnde Funktion: beide Erfahrungsbereiche sind einander so ähnlich gestaltet, daß es nur noch eines kleinen Schritts bedarf, um sie austauschbar zu machen. Und gerade dies ist Zemlinskys Intention: im Klaviernachspiel seines Liedes ist ein Der-Erinnerung-Nachhängen auskomponiert, das in „tiefer Sehnsucht“ die Vergangenheit in die Gegenwart hineinprojiziert und diese (in einem Dur-Schluß) verklärt. Brahms dagegen schreckt in seinem Lied den Zuhörer durch zwei kurze Forte-Akkorde aus den Nachklängen der Erinnerung auf und holt ihn so in die Gegenwart zurück (Notenbeispiel 7):

Notenbeispiel 7

Daß Zemlinsky die einfache Form seines Liedes bewußt gestaltete und dadurch — scheinbar paradox — unbewußt ein artifizielles Verhältnis zur Welt ausdrückte, bestätigt ein anderes Lied aus op. 5, das die Fähigkeit des Komponisten zu differenzierter Formung belegt. In der Vertonung des Heyse-Gedichts „Hütet euch" gliedern die Melodiezeilen das Lied in zwei Strophen, die harmonische Disposition aber verläuft nicht synchron, sondern verbindet das Ende der ersten Strophe mit dem Anfang der zweiten zu einem Mittelteil in E-dur, der sich von den Außenteilen in der Tonika Des-dur abhebt. Es ist dies das erste Lied Zemlinskys, in dem in verschiedenen Dimensionen des musikalischen Satzes unterschiedliche Formen einander überlagert sind.
Die Überwindung der epigonalen Lyrik der Gründerjahre, die vor der Jahrhundertwende im Zuge der allgemeinen Aufbruchsstimmung in den „besseren Kreisen" erstrebt wurde, artikulierte Liliencron in seinem Gedicht „Lebewohl an meinen verstorbenen Freund, Herrn Naturalismus" mit den Versen: „Widerliches Wort: Gekose, / Leider reimt es sich auf Rose."[8] Zugleich aber prophezeite er den Exponenten der neuen Bewegung: „Von uns lebenden (zur Zeit bekannten) Künstlern des Verses wird keiner auf die Nachwelt kommen.

[8] D. von Liliencron, Flußüberwärts singt eine Nachtigall. Eine Auswahl, Berlin 1967, S. 132.

Nur ein einziger: Richard Dehmel."[9] Dieser Dichter, dessen Werk heute kaum weniger befremdet, wenn auch anders als das Heyses, galt den Zeitgenossen als ekstatischer Herold einer neuen Zeit, der die Fesseln der Tradition zu sprengen vermochte: „Nietzsche philosophus, Dehmel poeta."[10] In Dehmels Dichtung sind lyrische Imagination und vitalistische Kraftmeierei unlösbar miteinander verkettet[11]. Der Faszination dieser von „Leben" strotzenden Verse vermochte sich selbst der formbewußte Hofmannsthal nicht zu entziehen: in seinem „Brief an Richard Dehmel", in dem er Dank sagt für die Widmung eines Gedichts in Dehmels Lyrikband „Lebensblätter", bekennt er, daß in diesem Buch das Leben sei — freilich nicht ohne ein gewisses Staunen: „Wie kann das wieder sein? Gleichviel. Es ist."[12]

Zemlinskys Begegnung mit der neueren Lyrik, die wohl durch den Verkehr in den Wiener Literatencafés vermittelt wurde (siehe S. 16f.), schlug sich nieder in dem Liederheft „Irmelin Rose und andere Gesänge" op. 7, das etwa zwischen 1897 und 1900 entstand — eine genauere Datierung ist nicht möglich, da das Manuskript verschollen ist. Dehmel ist in diesem Opus mit zwei Gedichten vertreten, „Entbietung" und „Meeraugen", die aus dem erwähnten Gedichtband „Lebensblätter" stammen: um sie sind je ein Gedicht Christian Morgensterns („Da waren zwei Kinder"), Jens Peter Jacobsens („Irmelin Rose") und des Wiener Journalisten Paul Wertheimer aus dem Kreise „Jung-Wien" („Sonntag") gruppiert. Diese Lieder Zemlinskys, die als erste mehr als historisches Interesse beanspruchen können, stehen in enger Beziehung zu Schönbergs Dehmel-Vertonungen, und sicher dachte Schönberg an seine gemeinsame Zeit mit Zemlinsky zurück, als er 1913 an Dehmel schrieb: „Sie waren es, der das Partei-Programm unserer musikalischen Versuche ausmachte. Von ihnen lernten wir die Fähigkeit, in uns hinein zu hören."[13] Und in einem anderen Brief heißt es: „Durch Sie war ich zum ersten Mal genötigt, einen neuen Ton in der Lyrik zu suchen."[14] Einen „neuen Ton" gegenüber den früheren Liedern findet auch Zemlinsky in seinen Dehmel-Vertonungen, wenn dieser „Ton" auch anderer Art war und andere Konsequenzen hatte als der Schönbergs. Er scheint am ausgeprägtesten in dem Lied „Meeraugen", op. 7, Nr. 3; es soll daher eingehender betrachtet werden. Zunächst der Text:

---

[9] D. von Liliencron, Gesammelte Werke, hrsg. von R. Dehmel, Berlin 1912, Bd. 8, S. 374 f.

[10] E. Ludwig, Richard Dehmel, Berlin 1913, S. 42.

[11] Zum dichterischen Werk Dehmels liegt eine detaillierte germanistische Abhandlung vor von H. Fritz, Literarischer Jugendstil und Expressionismus. Zur Kunsttheorie, Dichtung und Wirkung Richard Dehmels (Germanistische Abhandlungen Nr. 29), Stuttgart 1969.

[12] H. von Hofmannsthal, Gesammelte Werke in Einzelausgaben, hrsg. von H. Steiner, Gedichte und Lyrische Dramen, Stockholm 1946, S. 524.

[13] Siehe J. Birke, Richard Dehmel und Arnold Schönberg. Ein Briefwechsel; in: Die Musikforschung, 11. Jg., 1958, S. 285.

[14] J. Birke, a. a. O., S. 282.

Was will in deinen Augen mir
das dunkelvolle fremde Weh,
so tief und schwer
wie Stürme, die Ruhe suchten
im Schoß der grauen See. —

Versinken will, versinken mir
in dieser Augen tiefen Schoß
mein Herz und will
wie du so still,
so wild an dein Herz schlagen,
dann brechen die Stürme los.

Und will dich wiegen so mit mir
in rasender, lachender Seligkeit
auf freiem Meer!
Bis tief und sehr
die Herzen wieder ruhen,
ruhen von Sturm und Streit.

Die geliebte Person wird in dem Gedicht zunächst nur durch das Bild der Augen vorgestellt[15]. Dieses Bild tritt in Beziehung zum Bild des Meeres: in der ersten Strophe in Form eines Vergleiches („so tief und schwer wie Stürme ..."), in der zweiten Strophe unter Ausschluß eines tertium comparationis in Form einer Metapher („in dieser Augen tiefen Schoß"). Das Bild der Augen aber dient lediglich dazu, den Bildbereich „Meer" zu etablieren und wird in der zweiten Strophe durch das weit weniger anschauliche „Herz" ersetzt, das im weiteren Verlauf des Gedichts mit dem Bildbereich „Meer" verbunden wird, um den inneren Zustand der Personen darzustellen. Im Vergleich zur Gestaltung des Verhältnisses von innerer und äußerer Erfahrung in den Gedichten Heyses und Liliencrons verschwimmen bei Dehmel die Grenzen zwischen Realität und metaphorischer Ebene, die äußere Welt verliert ihre Eigenständigkeit und dient nur noch der Darstellung der inneren. Wesentlich bleibt in dem Gedicht von der Außenwelt nur noch das abstrakte Moment der Bewegung, deren Anschwellen und Abnehmen in der Abfolge der Verben deutlich wird: Ruhe suchen, versinken, schlagen (im Bildbereich „Meer" das Schlagen von Wellen), losbrechen, wiegen, ruhen. Sogar das Liebeserlebnis bleibt neben diesem sich verselbständigenden Element der Bewegung merkwürdig abstrakt, und es ist durchaus im Sinne von Dehmel zu fragen, ob das Liebeserlebnis, dessen Darstellung sich nicht etwa an einem Detail der Natur (z. B. „Maienkätzchen"), sondern an globalen Vorstellungen („Meer", „Stürme") entwikkelt, nicht einsteht für ein wie immer geartetes mystisches „Allerlebnis"[16].

Der „neue Ton", der durch Dehmels Lyrik in Zemlinsky geweckt wurde, wird bereits im Klaviervorspiel des Liedes „Meeraugen" vernehmbar. In tiefer Lage erklingen eng gesetzte Akkorde mit chromatisch gegeneinander geführten Mittelstimmen, deren Reibungen die Klänge trüben. Der drängende Charakter der Chromatik wird aufgehoben durch den beharrlich festgehaltenen

---

[15] Die Analyse berührt sich mit der von H. Fritz (a. a. O., S. 46 ff.), verfolgt aber im Hinblick auf die Komposition eine andere Zielsetzung.

[16] Vergleiche H. Fritz, a. a. O., S. 58 ff.

Orgelpunkt und die mehrfache, unveränderte Wiederholung der gleichen Akkordfolge, als werde nur mit Mühe eine innere Kraft gebändigt — Ausdruck der düsteren seelischen Situation zu Beginn des Gedichts oder in der Sprache des Bildbereichs „Meer“: „Es braut sich etwas zusammen.“ (Notenbeispiel 8)

Notenbeispiel 8

Insgesamt freilich ist Zemlinskys Vertonung nicht auf die musikalische Nachahmung einzelner Bildvorstellungen hin angelegt, sondern intuitiv ist das wesentliche Moment der Bewegung in der Komposition durch die Gestaltung der Harmonik und Rhythmik umgesetzt: Zwar sind alle drei Strophen auf die Tonika f-moll zentriert und nicht auf verschiedene harmonische Ebenen gestellt, aber jede Strophe mündet nach der zur Klangchiffre erstarrten Akkordfolge des Anfangs in eine Sequenz fallender harmonischer Quintschritte, wie sie bereits in Brahms' „Maienkätzchen“ beobachtet wurde. Bei Zemlinsky ist die harmonische Weite dieser Sequenz allerdings größer und wird in jeder Strophe noch weiter gespannt: in der ersten Strophe (T. 6—10) von D über g-C-f-B-es bis as, in der zweiten Strophe (T. 14—20) von f den Quintenzirkel abwärts bis C und in der dritten Strophe (T. 31—37) von f bis F um den ganzen Quintenzirkel herum (lediglich zu Beginn der Sequenz ist B zwischen f und es übersprungen). Parallel mit dieser Intensivierung der Sequenz belebt sich der Rhythmus von dem konduktartigen homophonen Schreiten des Anfangs zu immer lebhafterer Figuration, die in den Sextolen des zweiten Klavierzwischenspiels kulminiert. Vergleicht man diese Dehmel-Vertonung mit dem Heyse-Lied „Der Himmel hat keine Sterne“, so fällt neben den komplizierteren Akkorden auf, daß das neue Lied zwar an harmonischer Beweglichkeit gewonnen hat, daß diese aber nicht zu neuen tonalen Ebenen führt. Wie in Dehmels Gedicht der Vorstellungskreis der Bewegung sich verselbständigt von dem, was bewegt wird, und die unterschiedlichen Erfahrungsbereiche ineinander verschwimmen, so verselbständigt sich bei Zemlinsky die harmonische Bewegung von dem, was es ehedem mittels Modulation zu erreichen galt; die verschiedenen tonartlichen Ebenen verfließen in einer offenen Sequenz. Die Modulation ist entfunktionalisiert zu harmonischer Beweglichkeit, die überall hinkommt, ohne es zu wollen, und doch nur erreicht, was ihr immer schon gewiß war: die Tonika.

Adornos These, „daß die unendlich folgenreiche Kombination eines stufenmäßig ausharmonisierten, Sequenzkrücken vermeidenden Satzes — Brahmsisches Erbe — mit der Wagnerschen Chromatik von Zemlinsky und Schönberg ungefähr zur gleichen Zeit vollzogen worden ist"[17], bedarf der Präzisierung, daß bereits diese Kombination bei beiden Komponisten auf unterschiedliche Weise erfolgte. Ein Vergleich von Zemlinskys „Meeraugen" mit Schönbergs Lied „Erwartung" op. 2, Nr. 1, ebenfalls auf ein Gedicht von Dehmel, mag das verdeutlichen. Schönbergs Lied beginnt, darin der Komposition Zemlinskys ähnlich, mit einer mehrmals wiederholten Klangchiffre, die aus dem Wechsel eines Es-dur-Dreiklanges mit einer totalen Nebentoneinstellung gebildet ist und sich erst nach ihrem dritten Erklingen einer Bewegung der Harmonik öffnet. Diese ist — im Gegensatz zu der in Zemlinskys Lied — zielgerichtet und führt zu der neuen tonalen Ebene von C-dur, auf der die Klangchiffre wieder dreimal erklingt und dann in einen durchführungsartigen Teil mündet. In diesem Mittelteil finden sich — ebenfalls über Quintschritten — sequenzierende Harmonien, doch steigt diese Sequenz den Quintenzirkel hinauf und ist überdies auf H zielgerichtet, von wo durch eine enharmonische Modulation nach Es die Rückleitung zur Reprise erreicht wird. Schönberg konstruiert also Teiltonalitäten aus und vermittelt sie durch gezielte modulatorische Bewegung. Die stufenmäßige Ausharmonisierung des Satzes zerfällt Zemlinsky dagegen zu harmonischer Beweglichkeit; diese wird zusammengehalten von einer Tonika, die weniger als bei Schönberg in das harmonische Geschehen einbezogen ist, sondern als letzte Instanz außerhalb der Entwicklung steht[18].

Vielleicht noch ohrenfälliger als in „Meeraugen" ist die Übernahme Wagnerscher Stilelemente im zweiten Dehmel-Lied, „Entbietung": Die Klavierbegleitung setzt mit dem Tristanakkord ein und erinnert durch ihre Synkopen, denen „der eigentümliche heiße Ton"[19] des Gesanges zu danken ist, an das Liebesduett des zweiten „Tristan"-Aktes. Allerdings ist nicht zu übersehen, daß der Tristanakkord nicht als Akkord mit mehrdeutiger Funktion, sondern ebenso wie andere mild dissonierende Klänge als Farbwert behandelt wird.

Das Morgenstern-Gedicht „Da waren zwei Kinder" steht auch inhaltlich der Welt des „Tristan" nahe. Auf knappstem Raum wird in dem zweistrophigen Gedicht der Bogen vom schüchternen Aufkeimen der Liebe zur Erfahrung des Todes geschlagen; den kritischen Punkt dieser Entwicklung markiert der Überschwang des Gefühls zu Beginn der zweiten Strophe. Das Klaviervorspiel des Liedes umschreibt die Tonart d-moll unter Akzentuierung des Neapolita-

---

17 Th. W. Adorno, Zemlinsky; in: Quasi una fantasia, Frankfurt am Main 1963, S. 164.

18 G. Neuwirth kam in einem Vergleich zwischen Schönbergs Lied „Erwartung" und einer von Zemlinskys „Fantasien über Gedichte von Richard Dehmel" op. 9 (bisher unveröffentlichtes Referat auf dem Internationalen Musikwissenschaftlichen Kongreß Berlin 1974) zu einem gegenteiligen Befund: er konstatierte bei Zemlinsky Schwerfälligkeit der Harmonik im Vergleich zu Schönberg; allerdings war die Wahl einer Komposition aus dem längst verrotteten Genre des „Lieds ohne Worte" für Zemlinsky nicht eben günstig.

19 Th. W. Adorno, a. a. O., S. 165.

ners Es-dur, die Tonika selbst aber ist in der ganzen ersten Strophe ausgespart. Die Spannung zwischen betontem Es-dur und verschwiegenem d-moll wird im weiteren Verlauf der ersten Strophe durch eine Quintschrittsequenz in subdominantischer Richtung vermittelt. Dieses harmonische Modell, das Zemlinsky auch in „Meeraugen" benutzte, ist aber in diesem Lied auf Es zielgerichtet und mündet in die Wiederholung des Vorspiels, das durch Stimmtausch variiert ist. Nach diesem Zwischenspiel erscheint in dem Augenblick, in dem das Geschehen umschlägt, zum ersten Mal die Tonika d. Auf dem emotionalen Höhepunkt des Gedichts, bei den Worten „hin und her Wogen wallten", folgen unmittelbar Quartsextakkorde von C-dur und es-moll aufeinander. Erst am Ende des Liedes wird die Harmonik nach D-dur zurückgebogen. Bedeutsam ist an diesem Lied, das Adorno als „Meisterstück"[20] schätzte, die ambivalente Funktion tonaler Zentrierung. Die Tonika erscheint einmal (in Moll) im Moment der Peripetie, in dem sich die Entwicklung dem düsteren Ende zuneigt, im Nachspiel des Klaviers dagegen (in Dur) als Ausdruck der Verklärung. Die Verbindung von Akkorden, die sich im Quintenzirkel diametral gegenüberstehen, repräsentiert im Moment der Erfüllung den Inbegriff des Lebens.

Die Ballade „Irmelin Rose" nach Jens Peter Jacobsen, die der Liedersammlung den Namen gegeben hat, verweist als Paraphrase des Turandot-Märchens auf Zemlinskys zweite Oper „Es war einmal", die etwa zur gleichen Zeit entstand. Die Ballade zählt vier Strophen mit jeweils anschließendem Refrain. Die harmonische Disposition der Strophen und des Refrains verlaufen nicht kongruent. Während die Refrains, die alternierend in der Mediante Des und der Tonika F stehen, eine übergeordnete Zweiteiligkeit des Gesangs markieren, ähnelt die Abfolge der Strophen dem Schema der Sonatensatzform: „Exposition", Wiederholung, Mittelteil mit Transposition des harmonischen Modells um eine Quinte und „Reprise". Diese Verbindung unterschiedlicher Formmomente verweist bereits auf die Technik der Überlagerung verschiedener Formtypen, wie sie in den Maeterlinck-Gesängen ausgeprägt ist. Die Harmonik des Gesangs, frei von chromatischen Einschlüssen, ist spröde — wie die Heldin des Gedichtes.

Das Heft schließt mit dem schwungvollen Lied „Sonntag", das auf der Linie der früheren Stimmungsbilder in der Nachfolge Schumanns liegt. Das ornamentale Gerank der Klavierbegleitung weist auf die „Fantasien nach Gedichten von Richard Demel [sic]" op. 9 voraus, Miniaturen im Genre des längst überlebten „Liedes ohne Worte", die ins Triviale abgleiten.

In der Liedersammlung op. 8 „Turmwächterlied und andere Gesänge", die auch etwa in den Jahren 1897 bis 1900 entstand, wendet sich Zemlinsky anderen Themen und Ausdrucksbereichen zu als in op. 7. Ging es dort um die Darstellung innerer Zustände, so handeln die Lieder aus op. 8 vom Zustand der Welt. Das „Turmwächterlied" zu Beginn unterscheidet sich durch seine

---

20 Ebenda.

Dimension von der lyrischen Konzentration in op. 7 — mit 93 Takten ist es das längste Lied, das Zemlinsky je komponiert hat. Der hymnische Eifer, mit dem die Weltordnung gepriesen und die Menschheit zum Gebet aufgerufen wird, hat sein technisches Korrelat in einer allzu blanken Es-dur-Tonalität; Zemlinskys Akt der Affirmation schlägt ins Triviale um.

Das Gedicht des zweiten Liedes „Und hat der Tag all seine Qual", ebenfalls von Jacobsen, berührt sich im globalen Charakter seiner Bilderwelt mit Dehmels „Meeraugen". Aber projiziert Dehmel den Bildbereich „Meer" in das lyrische Subjekt hinein, so verfährt Jacobsen genau umgekehrt: er personifiziert Himmel und Sterne, indem er ihnen Gefühlsqualitäten zuweist; sein Stimmungsbild der Nacht ist nicht das eines einzelnen Menschen, sondern das der Menschheit und gewinnt dadurch einen Schein der Objektivität. Zemlinsky reagiert in seinem Lied auf diese lyrische Haltung mit einer veränderten Handhabung der Harmonik. Mehr als in der Vertonung von Dehmels „Entbietung", an die das Lied in technischen Details erinnert, sind in der Harmonik funktionale Zusammenhänge vernachlässigt und Farbwirkungen hervorgekehrt (Notenbeispiel 9):

Notenbeispiel 9

In den beiden letzten Gesängen „Mit Trommeln und Pfeifen" und „Tod in den Ähren", Soldatenlieder nach Texten Detlef von Liliencrons, verdunkelt sich die Welt. „Marschmäßig" — diese Vortragsbezeichnung des Liedes „Mit Trommeln und Pfeifen" kündigt bereits die stilistische Herkunft des Liedes an: von Mahlers Wunderhornliedern klingen in die Klage des invaliden Soldaten die starr festgehaltenen Orgelpunkte mit Vorschlägen, der insistierende Marschrhythmus und die Sekundreibungen herüber. Die letzte Strophe, verklärende Erinnerung an das Soldatenleben, ist ein auskomponiertes „Trotzdem": das dunkle f-moll ist nach Dur aufgehellt, das „hoch Kaiser und Heer" gerät angestrengt und aufdringlich. Das Klaviernachspiel jedoch, das die Marschklänge wieder aufnimmt und im dreifachen Piano verklingt, scheint die affirmative Geste durch eingesprengte harmonische Trübungen zurücknehmen zu wollen.

Das letzte Lied „Tod in den Ähren" schlägt zu Beginn noch düsterere Töne an. Über einer vollgriffig gesetzten Klavierbegleitung mit scharfen Vorhaltsdissonanzen und zuckenden punktierten Rhythmen erzählt die Singstimme in stockendem Tonfall vom zu Tode verwundeten, verlassenen Soldaten. Im Todeskampf sieht sein „brechend Auge" noch einmal sein Dorf im „Arbeitsfrieden". Diese Vision des Friedens, die schon im Text zur Idylle verkommen ist, entgleitet Zemlinsky ins Kitschige. Noch mehr als im vorangehenden Gesang ist in diesem Lied Affirmation nur um den Preis des Stilbruchs möglich. Der Stilbruch in den beiden Liedern ist allerdings in den Texten angelegt. Denn das Unglück der Soldaten ist kein individuelles, sondern ein gesellschaftlich vermitteltes; die Affirmation aber, die dagegen gesetzt wird, ist ein persönlicher Akt. Die Hoffnung muß deswegen ohnmächtig bleiben. Die Musik flüchtet sich in die Verklärung, statt den Widerspruch zu gestalten, wie etwa in Mahlers Soldatenliedern die Hoffnung als vergebliche gezeichnet ist. Dieser ungelöste Widerspruch ist im Grunde in Zemlinskys Unsicherheit begründet, sich zu entscheiden zwischen Lyrik als persönlichem Ausdruck seelischer Zustände, wie er sie in op. 7 intendierte, und Lyrik als Reflexion des Weltzustandes, wie er sie in op. 8 erprobte. Diese Spannung zwischen Individuellem und Allgemeinem, die Zemlinsky zeit seines Lebens beherrschte, führt zu den Maeterlinck-Gesängen: in ihnen meint das Schicksal des lyrischen Subjekts nicht mehr ein individuelles Getroffensein und die Welt nicht mehr etwas äußerlich Objektives, sondern das Einzelschicksal ist Symbol für eine typische, vom konkreten Individuum abstrahierte Bewußtseinsentwicklung, die äußeren Erscheinungen der Welt fungieren als Symbole innerer Zustände.

Die Maeterlinck-Gesänge

> So hat sich ... unser Inneres in so mannigfaltige Kräfte zerspaltet, und mit fortdauernder Übung wird auch diese Zerspaltung zunehmen. Vielleicht ist es nur eine krankhafte Anlage der späteren Menschen, wenn sie das Vermögen verlieren, diese verstreuten Farben ihres Geistes wieder zu mischen ...
>
> Novalis, Die Lehrlinge zu Sais[21]

Maurice Maeterlinck ist um die Jahrhundertwende vor allem als Dramatiker bekannt geworden. In seinem Werk offenbarte sich neben dem Ibsens und Strindbergs besonders deutlich die Krise, in die das Drama im Verlauf des 19. Jahrhunderts geraten war. In der Klassik waren die zwischenmenschlichen Beziehungen Thema dieser Gattung gewesen, Entscheidung und Handlung ihre dramaturgischen Prinzipien, der Dialog die Form ihrer sprachlichen Darstellung. In der Romantik, die ihren charakteristischsten dramatischen Ausdruck nicht im Schauspiel, sondern in der Oper fand, wurde vor allem

---

[21] Novalis, Schriften. Die Werke Friedrich von Hardenbergs, hrsg. von P. Kluckhohn und R. Samuel, Bd. 1, Stuttgart [2]1960, S. 82 f.

der Konflikt zwischen Menschen- und Geisterwelt, zwischen frei verantwortlichem Handeln und undurchschaubarer Abhängigkeit von außerirdischen Mächten dargestellt; im Werk Richard Wagners kristallisierten sich dann die Mythen der Moderne, so etwa die Ahasver-Gestalt im „Fliegenden Holländer" oder das Reich der künstlichen Paradiese im „Tannhäuser". Gegen Ende des Jahrhunderts aber bricht das Dämonische, Irrationale, Phantastische nicht mehr von außen in die Existenz des Menschen ein, sondern steigt aus dessen Innern empor. Ibsens Menschen werden von ihrer Vergangenheit eingeholt, ihre „Lebenslüge" wird entlarvt, Strindberg erfährt sein Leben als Alptraum, und Maeterlincks Geschöpfe sind einem unergründlichen Geschick ausgeliefert; der Tod, den sie erwarten, ist nicht eine Folge verantwortlichen Handelns, sondern blindes Schicksal[22]. Unter der veränderten Thematik zerbröckeln die gattungspoetischen Normen des klassischen Dramas. So besteht in einem frühen Drama Maeterlincks („Les Aveugles") die Handlung lediglich darin, daß Blinde am Meeresufer bei steigender Flut auf ihren Führer warten — der aber sitzt tot unter ihnen; erst allmählich erkennen sie ihre Lage und ahnen ihr Geschick. Der Einakter ist auf diese eine Situation konzentriert und weist gemäß Maeterlincks Konzeption des „drame statique" keine dramaturgische Entwicklung auf, die Dialoge erfüllen kaum mehr Mitteilungsfunktionen, sie gleichen vielmehr ineinander verschachtelten Monologen, die Stimmungen, Ahnungen, Erwartungen artikulieren.

Dieser Welt des frühen Maeterlinck gehören auch die „Fünfzehn Lieder"[23] — lyrische Einlagen in die Dramen — an, aus denen Zemlinsky sechs Gedichte auswählte und zu einer sinnvollen Folge von Szenen umgruppierte. Innerhalb dieser Sequenz fungiert die Ballade, die dem ersten Gesang zugrunde liegt, als Exposition:

Die drei Schwestern wollten sterben,
Setzten auf die güldnen Kronen,
Gingen sich den Tod zu holen.

Wähnten ihn im Walde wohnen:
„Wald, so gib uns, daß wir sterben,
Sollst drei güldne Kronen erben."

Da begann der Wald zu lachen
Und mit einem Dutzend Küssen
Ließ er sie die Zukunft wissen.

Die drei Schwestern wollten sterben,
Wähnten Tod im Meer zu finden.
Pilgerten drei Jahre lang.

„Meer, so gib uns, daß wir sterben,
Sollst drei güldne Kronen erben."

---

[22] P. Szondi, Theorie des modernen Dramas. 1880—1950, Frankfurt am Main 1970, S. 57.

[23] M. Maeterlinck, Gedichte, verdeutscht von K. L. Ammer und Fr. von Oppeln-Bronikowski, Jena 1906.

Da begann das Meer zu weinen,
Ließ mit dreimal hundert Küssen
Die Vergangenheit sie wissen.

Die drei Schwestern wollten sterben,
Lenkten nach der Stadt die Schritte;
Lag auf einer Insel Mitte:

„Stadt, so gib uns, daß wir sterben,
Sollst drei güldne Kronen erben."

Und die Stadt tat auf die Tore
Und mit heißen Liebesküssen
Ließ die Gegenwart sie wissen.

Das Geschehen, das sich gemäß der dreiteiligen Gliederung des Gedichts durch die Kehrreime in drei Stationen vollzieht, ist nicht unmittelbar verständlich und bleibt vieldeutig. Weder die einfach gehaltene Syntax, noch die einzelnen elementaren, meist anschaulichen Begriffe begründen die Rätselhaftigkeit des Gedichts, sondern einfache Sinnglieder sind zu einer verrätselten Einheit zusammengefügt.

In der Komposition faßt Zemlinsky jeweils drei Strophen des Gedichtes zu einer musikalischen Strophe zusammen. Der unregelmäßige Bau der Gedichtstrophen wird dadurch ausgeglichen, daß die vierte Zeile, die im Sinne einer periodischen Versordnung (dreimal 3-2-3) überzählig ist, an die erste Terzine angeschlossen und dieser Vierzeiler in den beiden folgenden Strophen auf drei Zeilen variativ verkürzt wird.

Der Vierzeiler am Anfang des Liedes, der aus zwei Verspaaren von unterschiedlichem Sprachrhythmus besteht, wird fast vollkommen syllabisch deklamiert, so daß eine Gesangsperiode entsteht, deren Halbsätze durch auf- und abtaktige Phrasenbildung unterschieden sind (Notenbeispiel 10).

Obwohl der Gesang sich dem natürlichen Sprachfluß zu überlassen scheint, ist seine Rhythmik durch motivische Arbeit vermittelt; und doch kommt dies kaum zur Geltung, weil das verarbeitete Motiv kein ausgeprägter Charakter, sondern eine abgegriffene Formel ist. So fehlt dem Beginn des Gesanges jene Prägnanz, die die lyrische Essenz eines Gedichts in wenige Töne faßt, ihm eignet vielmehr eine distanzierte Haltung des Erzählens: die halben Noten des Anfangsmotivs, die Pausen zwischen den kurzen Phrasen und die ungewöhnliche Zäsur eines melodischen Ganzschlusses zwischen zwei Halbsätzen hemmen den deklamatorischen Fluß, als müsse sich der Sänger erst auf den Gegenstand seiner Erzählung besinnen. Diese erzählende Sing-Haltung und die liedhafte Periodik, die zu Schönbergs musikalischer Prosa durchaus im Gegensatz steht, verbinden sich zum Balladencharakter des Gesangs.

Erst die Klavierbegleitung erschließt die Atmosphäre des Gedichtes durch die tiefe Lage und die Fortschreitung ihrer Klänge. Die Harmonik des Vordersatzes folgt nicht der latenten Kadenz der Gesangsmelodie, sondern vermeidet es gerade, die Leittöne in der für die Kadenz charakteristischen Weise aufzulösen. Tonalität erscheint hier — entgegen zeitgenössischen Tendenzen, sie bis zur Aufhebung ihrer selbst auszukomponieren — zurückgenommen auf

Notenbeispiel 10

ein Stadium undeutlicher Artikulation, die den funktionalen Zusammenhang nur ahnen läßt.
Der Orgelpunkt in der Klavierbegleitung des Nachsatzes staut den Fortgang der Harmonie. In diese erwartungsvolle Spannung tönt der Ruf der drei Schwestern. Über die harmonische Distanz Des^{7}—c trägt nur das schwungvolle Arpeggio im Klavier hinweg. Die expressive Melodik und ein reich ausgestufter harmonischer Satz, in rauschenden Akkordfigurationen dargestellt, bilden einen starken Kontrast zur einleitenden Periode. Auch der folgende, letzte Abschnitt der ersten Strophe ist mit dem vorangehenden Mittelteil nicht konstruktiv verbunden, sondern schließt frei an ein auskomponiertes Ritardando an. Er unterscheidet sich von den beiden vorangegangenen Abschnitten durch ein schnelleres Tempo, durch diatonische Harmonik und durch das flüchtige Parlando der Singstimme.
Die Anlage der ersten Strophe in drei geradezu heterogen anmutenden Teilen ist der Ausgangspunkt zweier verschieden gerichteter Entwicklungen in der Komposition, die für die Interpretation des Gedichts von Bedeutung sind: Erstens werden die einzelnen Abschnitte in den beiden folgenden Strophen durch Variation ihrer Faktur einander angeglichen und durch Veränderung der Harmonisierung — zunächst durch Festigung der Nahtstellen in der

zweiten Strophe, in der dritten dann durch übergreifende Disposition der Harmonik im Sinne einer erweiterten Kadenz — enger miteinander verbunden, so daß sie sich als Teile eines Ganzen erweisen; innerhalb jeder Strophe erfüllen sie die formalen Funktionen von „Introduktion“, „Refrain“ und „Episode“. Musikalischer Zusammenhang also wird durch Ausbalancierung der verschiedenen Dimensionen des Satzes erreicht; von Strophe zu Strophe manifestiert er sich deutlicher. Zweitens stehen die funktionsgleichen Teile jeder Strophe untereinander in einem Zusammenhang, der zwischen den drei Introduktionen, Refrains und Episoden jeweils verschieden ist. Dazu im einzelnen:

In den Introduktionen ist der Gesangspart sehr ähnlich, die Begleitung dagegen unterschiedlich gestaltet. Ein Vergleich der Klavierpartie in der ersten und zweiten Introduktion zeigt Gegensätze, die aufeinander bezogen sind: Zu Beginn der zweiten Strophe sind die Begleitfunktionen in beiden Händen des Klavierpartes gegenüber der ersten Strophe vertauscht, indem die Linke die Ostinatofigur, die Rechte die Akkorde übernimmt; die Chromatik der Oberstimme kontrastiert zur ganztönigen Fortschreitung des Basses in Takt 2—4. In der dritten Strophe werden diese komplementären Gegensätze vereint. Die Ostinatofigur wird wie in der ersten Strophe von der rechten Hand gespielt, die Oktavverdoppelung entstammt der zweiten. Der Unterschied von Akkorddarstellung in der einen, Wiedergabe eines melodisch-rhythmischen Motivs in der andern Hand ist aufgehoben in gemeinsamer Linearität, da die Akkorde nicht mehr erklingen und die Linke nur mehr die Baßlinie zeichnet; dabei verbindet sie chromatische Fortschreitung aus der zweiten mit ganztöniger aus der ersten Strophe. In den Introduktionen sind die motivisch-thematischen Gestalten zwar durch Unterschiede gekennzeichnet, doch bleibt ihre Ähnlichkeit erkennbar; stärkere Kontraste weist die Art ihrer Darstellung im Tonsatz auf, doch tendieren diese in der dritten Strophe zur Synthese.

Der Refrain bewahrt in allen drei Strophen die Melodik der Singstimme, auch das harmonische Modell der Klavierbegleitung bleibt mit Ausnahme des Schlußtaktes konstant, nur die Figurationen wechseln; doch formen diese Veränderungen keine sinnvolle Folge von Refrainvarianten aus, sie dienen der Steigerung des musikalischen Zusammenhangs innerhalb der Strophen.

Die Episoden weisen untereinander die stärksten Gegensätze auf. Die auskomponierten Teiltonalitäten der ersten beiden Strophen C-dur und des-moll sind, obwohl sie noch als Dur-Tonika und den für Zemlinsky typischen Moll-Neapolitaner aufeinander zu beziehen sind, im Quintenzirkel weit auseinandergerückt; ferner unterscheiden sich beide Episoden im Tongeschlecht und im Bestand des Tonmaterials (Diatonik bzw. Chromatik). Gegensätzlich sind auch die Rückleitungen zum jeweils folgenden Strophenbeginn gestaltet.

In der ersten Episode leitet ein Dominant-$^{4}_{3}$-Akkord über dem Baßton Es die Rückmodulation nach c-moll ein, doch wird diese nicht in der zunächst anvisierten Kadenz, sondern in einer Überlagerung von G^9 und As-dur vollzogen, als sei die c-moll-Tonart längst stabilisiert; motivisch wird der Anfang der zweiten Strophe durch die Wiederkehr von Motiv a im Gesang und in der Begleitung vorweggenommen. Die Rückleitung ist also nicht spannungsvoll vom Strophenanfang getrennt, sondern beide Teile sind harmonisch und motivisch ineinander verflochten; die „Reprise“ der folgenden Introduktion wirkt bereits auf die Rückleitung voraus. Das Verhältnis der zweiten Episode zur folgenden Introduktion ist umgekehrt; die Rückleitung wirkt auf die „Reprise“ nach und verändert sie: Das harmonische Randgebiet des-moll wird über A-dur durch eine enharmonische Modulation verlassen, die jedoch nach d- statt c-moll führt, so daß der ganze Vordersatz der letzten Introduktion um einen Ganzton transponiert erklingt. Die erste Phrase muß die enharmonisch allzu schnell erreichte neue Tonart zunächst einmal befestigen und weicht deshalb vom Harmonieschema der früheren Introduktionen ab; die zweite Phrase ist zwar noch nach d-moll transponiert, erscheint aber wieder in der ursprünglichen Harmonisierung, erst mit dem Des-dur-Klang zu Beginn des Nachsatzes ist für einen Moment völlige Übereinstimmung mit der ersten Strophe erreicht. Die Introduktion der letzten Strophe gewinnt also erst in drei Phasen ihre ursprüngliche Form, da die Rückleitung harmonisch „zu spät“ einsetzt und zu Beginn der „Reprise“ noch nicht abgeschlossen ist. Die dritte Episode vermittelt nicht — wie die dritte Introduktion — die Gegensätze der beiden vorangegangenen korrespondierenden Teile. Zwar finden sich in den beiden ersten Takten Anklänge an die Episoden I und II, doch wird der Satz dann frei von solchen Bezügen und entwickelt neue Gestalten; ein Vergleich der Gesangsmelodien verdeutlicht dies (Notenbeispiel 11):

Notenbeispiel 11

Auch die Harmonik löst sich vom Vorbild der vorangegangenen Episoden und verbindet die Regionen, die im Verlaufe des Liedes auskomponiert wurden, in einer erweiterten Kadenz; in ihr kulminiert die Tendenz zur Intensivierung musikalischen Zusammenhangs in der dritten Strophe — und damit im Lied überhaupt. Aber gerade dadurch, daß die dritte Episode am stärksten auf die Vermittlung der Gegensätze ausgerichtet ist und die Strophe mit einem emphatischen Schluß krönt, zerbricht der Zusammenhang der drei Episoden untereinander, da die ebenfalls komplementär zu interpretierenden Gegensätze der beiden ersten Episoden nicht miteinander verbunden werden. In der einen Sinnebene der Komposition erfüllt die dritte Episode den musikalischen Zusammenhang, in der anderen sprengt sie ihn.

Diese Ambivalenz des Schlusses, die sich aus der Anlage des ganzen Liedes ergibt, ist der „Eckstein" in der Interpretation des Textes durch Zemlinskys Komposition; denn sie ermöglicht, zwei Fragen zu erhellen, die für das Verständnis des Gedichts wesentlich sind: Welche Bedeutung haben die drei Stationen Wald, Meer und Stadt? Und: Wird das Todesverlangen der drei Schwestern schließlich gestillt? Die Komposition charakterisiert die im Gedicht benannten Orte — neben traditionellen Reflexen auf einzelne Wörter (z. B. Dur bzw. Moll bei „Lachen" und „Weinen") — durch eine konstruktive Auswertung des Gegensatzes Zukunft — Vergangenheit. In der „Wald"-Episode ist die Zukunft durch das Klangbild der Moderne — eine durch Sekundkoppelungen impressionistisch gefärbte Diatonik — repräsentiert, die Vergangenheit in der „Meer"-Episode durch eine ans 19. Jahrhundert gemahnende chromatische Figuration. Dazu fügt sich, daß die „Reprise" gegen Ende der ersten Strophe („ließ er sie die Zukunft wissen") vorweggenommen, am Schluß der zweiten Strophe („ließ die Vergangenheit sie wissen") hingegen verzögernd eingeleitet wird, so daß die dritte Introduktion zu spät ihre ursprüngliche Form wiedererlangt. Statt der Gegenständlichkeit der Orte Wald und Meer betont Zemlinsky die Erfahrung von Zukunft und Vergangenheit.

Diese Erfahrung schließt die Gewißheit des künftigen Todes und die Einsicht in die Vergänglichkeit ein; insofern erfahren die drei Schwestern zwar nicht den Tod, aber doch vom Tode. Durch dieses Bewußtsein sind sie ihrer lebendigen Erfahrung voraus und dieser zugleich durch den Traum von Zukünftigem und die Erinnerung an Vergangenes entfremdet. Erst in der Stadt erfahren sie die „Gegenwart" und werden mit dem realen Leben konfrontiert; das aber bedeutet: ihr Todeswunsch wird erfüllt — denn: „Allerdings sollen ja die meisten Menschen nur dann einen Augenblick leben, wenn sie sterben."[24] Diese Erfahrung von „Gegenwart", die Erfüllung und Vernichtung zugleich ist, hat ihre Entsprechung in der Ambivalenz des Schlusses, der den musikalischen Zusammenhang in der einen Sinnebene erfüllt, in der anderen sprengt.

Diese Interpretation wird nicht nur durch die Folge der weiteren Lieder bestätigt, sie läßt sich auch durch den geistesgeschichtlichen Zusammenhang stützen, in den Maeterlincks Gedichte einzuordnen sind. Maeterlinck hat sich eingehend mit der deutschen Romantik befaßt, und zwar vor allem mit Novalis, dessen „Jünglinge zu Sais" er ins Französische übersetzt hat; wohl zu Recht wurde daher das Todesbewußtsein seiner Geschöpfe als Maeterlincks „Konfiguration der Innerlichkeit"[25] apostrophiert. Und in der Tat ist Novalis'

---

[24] M. Maeterlinck, Der Schatz der Armen, Jena 1906, S. 83.
[25] M. Kesting, Vermessung des Labyrinths, Frankfurt am Main 1965, S. 113.
[26] Novalis, Schriften, Bd. 1, a. a. O., S. 87.

Mythos vom „Inneren Reich"[26], der in vielen literarischen Werken des 19. Jahrhunderts gegenwärtig blieb und besonders durch die erneute Novalis-Rezeption gegen Ende des Jahrhunderts wieder ins Bewußtsein der Zeitgenossen kam, in Maeterlincks Gedicht bis in einzelne Motive hinein gegenwärtig: Die drei Schwestern tragen als Eingeweihte des „Inneren Reiches" „güldene Kronen", aus jenem dem Erdinnern entrungenen lauteren Metall also, das seit Novalis das „Innere Reich" symbolisierte. Wald und Meer, romantische Orte der Einsamkeit und innerer Erfahrung, bilden verschiedene Aspekte dieses „Innern" oder — wie Hofmannsthal es nennt — „Landschaften der Seele"[27]. Die drei Schwestern sind mit Hofmannsthals Claudio aus „Das Tor und der Tod" und dem Kaufmannssohn aus „Das Märchen von der 672. Nacht" verwandt: das Problem des Ästhetentums, das „schöne Leben", ist dargestellt mit den Symbolen des romantischen Mythos vom „Inneren Reich". Auch bei Maeterlinck ist das „Innere Reich" zerfallen in ein Labyrinth von Traum und Erinnerung, aus dessen Gefangenschaft der Tod erlöst.

Daß Zemlinsky diese Problematik vor Augen hatte, zeigen die folgenden Lieder, die — abweichend von Maeterlincks Gedichtsammlung — so angeordnet sind, daß sie fortschreitende Stadien in der Entwicklung des ästhetischen Daseins repräsentieren; nimmt man für alle Gedichte ein gemeinsames lyrisches Subjekt an, so lassen sich die einzelnen Stadien etwa folgendermaßen charakterisieren: 1. Das „Innere Reich", 2. Berührung mit dem Leben, 3. Verinnerlichung, 4. Gewißheit des Todes, 5. Abschied, 6. Erfahrung des Todes. Die Lieder 2—6 entfalten also die Problematik, die im ersten exponiert ist. Dieser Gradation des Bewußtseins, die das verbindende Moment in der Folge der Gedichte bildet, läuft parallel eine Entwicklung der Liedformen, in der sich das Schwergewicht immer mehr von offenen zu geschlossenen Formen verlagert, und eine Abstufung in der tonalen Zentrierung der Lieder.

Das Gedicht des zweiten Gesanges besteht aus drei Strophen zu je vier Versen, von denen der dritte Vers jeweils eine Wiederholung des ersten ist; die zweiten Verse erfüllen dadurch, daß sie in allen drei Strophen ähnlich lauten, Refrainfunktion. Die Komposition überlagert dem Gedicht durch die Verwendung zweier Taktarten und Tempi ein neues Gefüge von Beziehungen. Im $^6/_8$-Takt stehen die ganze erste Strophe, die Refrains der zweiten und dritten sowie deren letzte Zeile; die übrigen Zeilen werden im $^4/_4$- bzw. $^5/_4$-Takt vorgetragen. Die Refrains sind überdies durch ein lebhafteres Tempo hervorgehoben. Metrum und Tempo fixieren so drei unterschiedliche Grundmuster der Deklamation. Diese sind nicht den drei Strophen des Gedichtes zugeteilt, sondern ordnen Zeilen einander zu, die zwar im Gedicht nicht als kontinuierlicher Text erscheinen, sich aber zu einer neuen Sinneinheit zusammenschließen:

---

[27] H. von Hofmannsthal, Gespräch über Gedichte; in: Gesammelte Werke in Einzelausgaben, hrsg. von H. Steiner, Prosa II, Frankfurt am Main 1951, S. 112.

		Strophe	Zeile
6/8-Takt:	„Die Mädchen mit den verbundenen Augen	I	1+3
	wollten ihr Schicksal finden	I	4
	ohne hinaus zu finden." (sc. zum „Leben")	III	4
6/8-Takt, lebhafter:	„tut ab die goldenen Binden!	I	2
	laßt uns die goldenen Binden!	II	2
	zieht fester die goldenen Binden!"	III	2
5/4- bzw. 4/4-Takt:	„Haben zur Mittagsstunde	II	1+3
	das Schloß geöffnet im Wiesengrunde	II	4
	Haben das Leben gegrüßt."		

Die erste Versgruppe umschreibt die Befangenheit in der inneren Welt (Symbol der Blindheit für das „innere Gesicht"), die letzte paraphrasiert den Versuch, sich dem Leben zu stellen, die Refrains — vom Dichter jeweils in Parenthese gesprochen — kommentieren diesen Versuch. Die Situation, die das Gedicht entwirft, ist durchaus ähnlich mit der in Maeterlincks Drama „Ariane et Barbe-Bleue", das Zemlinsky zwei Jahre vor der Komposition dieses Liedes bei der Aufführung der gleichnamigen Oper von Paul Dukas an der Wiener Volksoper kennengelernt hatte; und der Untertitel von „Ariane et Barbe-Bleue" wäre auch für dieses Lied zutreffend: „Vergebliche Befreiung".

Zemlinskys Interpretation des Gedichts begnügt sich nicht mit dieser neuen Zuordnung der Zeilen, sondern setzt den Zwiespalt zwischen Teilnahme am Leben und Rückzug in die innere Welt um in eine Form, die in der Spannung zwischen mehreren Formtypen steht: Die unsymmetrische Verteilung der drei Deklamationsarten über den Gesang läßt an den Formtypus des durchkomponierten Liedes denken. Diesem Formtypus widersprechen die Refrains, die mit demselben musikalischen Material an der gleichen Strophenstelle wiederkehren; sie können als Rudimente einer rondoartigen Formanlage interpretiert werden. Bei minuziöser Analyse ließen sich auch noch andere Melodiezeilen als Varianten aufeinander beziehen, doch haften die Gemeinsamkeiten nicht mehr an den musikalischen Gestalten selbst, sondern sind auf das Niveau des Materials zurückgenommen. In einem derartigen Zusammenhang sind etwa die musikalischen Phrasen zu sehen, die den ersten Zeilen aller drei Strophen zugeordnet sind: Es bestehen Ähnlichkeiten in der Kontur der Melodik, in der rhythmischen Bewegung und in der Anordnung der Dissonanzen (Notenbeispiel 12).

Aber diese Gestalttransformationen sind beim Hören nicht nachzuvollziehen, ihre „Verwandtschaft" ist so entfernt, als seien die korrespondierenden Stellen aus einer ideellen Variantenkette herausgelöst und die vermittelnden Glieder verschwiegen.

Eine dritte Möglichkeit, das Lied auf einen Formtypus zurückzuführen, ergibt sich angesichts des Schlusses der Komposition, der bisher aus der Betrachtung ausgeklammert wurde. An die letzte Zeile des Gedichts schließt sich nach einem Überleitungstakt (12/8) eine Wiederholung der zweiten Hälfte der ersten Strophe an. Diese „Reprise" legt eine dreiteilige Liedform[28] nahe, in der die erste

[28] Dreiteilige Liedform wird hier nicht im Sinne von Adolf Bernhard Marx als ein Periodentypus, sondern als Formschema verstanden.

Notenbeispiel 12

Strophe die Eröffnung bildet (A), die Strophen 2 und 3 den Mittelteil, dem eine verkürzte Reprise von A folgt.

Die drei erörterten Formtypen kennzeichnen — jeder für sich genommen — die Form dieses Liedes nicht hinreichend, verfehlen sie aber auch nicht ganz, sondern vermitteln sie gemeinsam durch Verschränkung einzelner ihrer charakteristischen Momente. Diese Überlagerung divergierender Formtendenzen entspricht dem im Gedicht gestalteten Zwiespalt zwischen Innerlichkeit und Leben und den ihn kommentierenden Parenthesen, und zwar ist jeder Formtypus durch die Art, wie seine charakteristischen Momente mit dem Text verbunden sind, auf eine der erwähnten Sinneinheiten des Gedichts bezogen: das „Rondo"-Lied bildet den formalen Rahmen für den „Kommentar" des Dichters, der in Refrains wiedergegeben und dadurch dem Wandel der Gestalten enthoben, gewissermaßen objektiviert ist; der Formtypus des durchkomponierten Liedes repräsentiert das „Leben"; denn die strophische Korrespondenz der Phrasen wird genau dort durchbrochen, wo die Öffnung zum Leben angesprochen ist; die „ABA-Form" ist durch die musikalischen Teile konstituiert, deren Text von der Befangenheit in der inneren Welt handelt.

Zemlinskys Interpretation des Gedichtes durch Gliederung in drei Sinnbereiche ist auch in der Harmonik zu verfolgen. Die der inneren Welt zugeordneten

Teile lassen sich, obwohl sie gelegentlich mit „modalen" Wendungen durchsetzt sind, im Sinne der funktionellen Harmonik erklären. Bei der Textzeile „wollten ihr Schicksal finden" erklingt die einzige vollständige Kadenz im ganzen Lied (mit dem für Zemlinsky typischen „Moll-Neapolitaner", siehe S. 51). Die Refrains sind von dieser ausgestuften Harmonik durch Orgelpunkte und durchgängige Parallelführung der über den Orgelpunkten liegenden Klänge abgesetzt; während der Kommentare des Dichters ruht der Baß und mit ihm die harmonische Entwicklung. Die Harmonik der Partien des „Lebens" läßt sich wohl kaum mit Hilfe der Funktionstheorie erklären, ohne diese zu überanstrengen; denn erstens kollidieren Funktion und Akkordstruktur (z. B. Tonika und Oberseptklang), zweitens lassen „freie Leittoneinstellungen" eine Funktion nicht mehr eindeutig erkennen, und drittens folgen (bei „Haben zur Mittagsstunde das Schloß geöffnet im Wiesengrunde") so entfernte Harmonien unmittelbar aufeinander, daß kein gemeinsames tonales Zentrum angenommen werden kann. Die Harmonien über fis und c lassen sich jedoch als Komplementärtonalitäten (siehe S. 57f.) verstehen und als solche sinnvoll auf den Text beziehen, da sie als antagonistische Teile des chromatischen Totals einstehen für das „Leben", das der Ästhet einerseits als feindliche Macht zu fürchten hat, andererseits aber als Totalität erstrebt. Beide Teiltonalitäten erklingen einige Takte später (siehe Notenbeispiel 12), komprimiert in ihren Grundtönen, als Baß bzw. melodischer Spitzenton gleichzeitig in dem Akkord, der die erste Silbe des Wortes „Leben" begleitet; beide Töne werden akzentuiert: fis durch den markanten melodischen Aufstieg einer großen Sept, c durch die zweifache Verdoppelung mittels oktavierendem Vorschlag — eine satztechnische Manier, die zudem nur an dieser Stelle des Liedes auftritt.

Der dritte Gesang, „Lied der Jungfrau", entstammt Maeterlincks Singspiel „Soeur Béatrice"[29]. Zemlinsky plaziert das Gedicht in seiner Anordnung der Lieder adäquat nach der Begegnung mit dem Leben als „Ent-Schuldigung": Scheitern wird nicht als solches empfunden, sondern gleichsam als Sühne für die Verirrung ins Leben; die Erfahrung, die einzig aus dem „Inneren Reich" herausführen könnte, wird verinnerlicht zu einer Gewißheit des transzendenten Sinns des Leidens. Unlösbar ist das Subjekt in seine Innerlichkeit verstrickt, Rettung ist ihm nur mehr möglich als — Erlösung; in ihr verschmelzen Liebe und Tod zu einer Erfahrung. (Ideen aus „Tristan", Wagners Mythos von Nacht und Liebe, waren gegen Ende des Jahrhunderts gleichsam als ideelle Versatzstücke geläufig.) Vielleicht erinnerte sich Zemlinsky auch bei der Komposition des Liedes an sein Erlebnis von Gerhart Hauptmanns „Michael Kramer" (siehe S. 18), an dessen Schluß der alte Kramer spricht: „Der Tod ist die mildeste Form des Lebens, der ewigen Liebe Meisterstück."[30]

---

[29] Die Fabel ist in Gottfried Kellers Novelle „Die Jungfrau und die Nonne" nachzulesen.

[30] Siehe G. Hauptmann, Sämtliche Werke, hrsg. von H. E. Hass, Bd. 1: Dramen, Berlin 1966, S. 1172.

Die fortgeschrittene Introversion findet ihre musikalische Entsprechung in einer Verfestigung der Harmonik durch ausgedehnte Orgelpunkte; die chromatischen Baßgänge, die zwischen diese Orgelpunkte eingeschoben sind, füllen eigentlich nur den Quartfall zur Dominante (Takt 5—7 und 25—28) bzw. den Quartaufstieg zur Subdominante (Takt 14—17) und gefährden die Tonart nicht, obwohl sie zum Teil mit Akkorden harmonisiert sind, die von der Tonika Es weit entfernt sind. Zu dieser gleichsam hermetischen Harmonik stimmt die Art der Phrasenbildung durch Variation eines einzigen rhythmischen Musters. Dieses Modell besteht aus drei Elementen, nämlich einer Auftaktfigur, einem Phrasenkern und einer Schlußfloskel; alle Phrasen des Liedes sind aus dem Modell durch Variation gewonnen (Notenbeispiel 13, S. 94). Die Variante einer erweiterten Phrase von drei Takten bei der dritten Zeile verweist auf die beiden viertaktigen Phrasen am Schluß des Liedes, die durch abermalige Erweiterung des Auftaktes und Wiederholung des Phrasenkerns zwei Verse zusammenfassen. Diese Dehnung erfolgt allerdings nicht aus Gründen der Deklamation, sondern dient der Schlußbildung — sie überwindet die ansonsten beibehaltene Zweitaktigkeit der Phrasenbildung und wirkt dadurch als Steigerung.

Die Form des vierten Liedes unterscheidet sich wesentlich von der des zweiten Liedes, obwohl die Gedichte, die beiden Kompositionen zugrunde liegen, gleich gebaut sind. Die Überlagerung dreier Formtypen ist aufgegeben: Die in Parenthesen gesprochenen Verse werden nicht als Refrains behandelt, Korrespondenzen unter den übrigen Zeilen bestehen nur zwischen der ersten und der dritten Strophe. Die vierte Strophe deutet durch Wiederholung des Anfangsmotiv (in Augmentation) ein Formmoment des „Reprisen"-Typs an und erinnert durch die bis aufs äußerste erweiterte Kadenz an den Schluß des ersten Gesanges: Die Netze des unentrinnbaren Geschicks ziehen sich zusammen.

Das fünfte Lied bildet seine Form an dem fiktiven Dialog des Textes. Alle Strophen setzen sich aus Frage und Antwort zu je zwei Zeilen zusammen, die als Vordersatz und Nachsatz komponiert werden. Während aber die Vordersätze der Textstrophen 1—4 als Varianten aufeinander bezogen sind, fallen die Nachsätze gänzlich verschieden aus: sie stehen weder untereinander noch mit dem jeweiligen Vordersatz in thematischem Zusammenhang. Durch diesen Wechsel zwischen variierten Vordersätzen und jeweils unterschiedlichen Nachsätzen erhält das Lied einen rondoähnlichen Formrhythmus. Der Schlußteil der Komposition mit der letzten Strophe („Wenn er weiter fragt nach der letzten Stund' . . . "), der durch seine Länge gegenüber den früheren Strophenabschnitten hervorgehoben ist, trägt Züge einer variierten „Reprise": er wird von einem Zwischenspiel vorbereitet, das durch die Modulation und die Vorwegnahme des Auftaktmotives den Charakter einer Rückleitung hat; beim Einsatz der Singstimme erklingen dann die mild dissonierenden Quartenakkorde, die bereits die Harmonik des Liedanfangs prägten; die Melodik des Gesangspartes ist mit dem zweiten Vordersatz identisch; und schließlich bezieht sich der erweiterte Nachsatz als einziger des ganzen Liedes auf eine melodische

Notenbeispiel 13

Phrase, die bereits erklang, er mündet in eine Variante des zweiten Nachsatzes. Im Gedicht des sechsten und letzten Gesanges sind viele Bilder und Motive der vorangestellten Lieder miteinander verbunden: Die Gestalt der Königin verweist auf die „güldenen Kronen“ und „goldenen Binden“ der ersten beiden Gedichte; das Schloß, das die Königin verläßt, ist das des „Inneren

Reiches" aus dem zweiten Gedicht; *die* „Fremde", die sie vor der Pforte erwartet, ist der Tod — *la* mort.

Die Überlagerung unterschiedlicher Formtypen erhält in dem Schlußgesang einen neuen Akzent. Der Formverlauf folgt dem Schema des Sonatenhauptsatzes. Die Exposition besteht aus einem Klaviervorspiel und einer fünfteiligen Gesangsperiode; in ihrer Thematik klingen wie aus dunkler Erinnerung Mahlers „Lieder eines fahrenden Gesellen" an. Nach einer verkürzten und variierten Wiederholung der Exposition folgt ein durch Doppelstriche markierter Mittelteil, der durch stärkere Bewegung der Harmonik und Verknappung der Phrasen durchführungsartigen Charakter annimmt. Die verkürzte Reprise verbindet Momente der Exposition und ihrer variierten Wiederholung und mündet in eine vergleichsweise lange Coda, die noch einmal die einzelnen Themen erinnert und mit dem „gehenden Motiv" der ersten Gesangsphrase verklingt (Notenbeispiel 14):

Notenbeispiel 14

Allen Liedern des Zyklus ist gemeinsam, daß sie Formmomente verbinden, die für unterschiedliche Formtypen charakteristisch sind. Mahlers Liedidee mit dem einen Bezugszentrum des einfachen Strophenliedes ist in der Weise weiterentwickelt, daß Zemlinsky in seinen Maeterlinck-Gesängen mehrere Formtypen gleichzeitig als Bezugszentrum im Auge behält. Diese unterschiedlichen Bezugszentren bilden eine Gradation von Formtypen offenen bis geschlossenen Charakters: frei durchkomponiertes Lied, variiertes Strophenlied, Refrain-Lied (Rondotypus), „Reprisen"-Lied und Sonatensatzform. In Zemlinskys Maeterlinck-Gesängen verlagert sich das Schwergewicht der Formüberblendung von offenen zu geschlossenen Formen; der Zyklus endet im letzten Lied („Erfahrung des Todes") mit der Sonatensatzform als dem Formtyp, der von allen am meisten im Verlauf festgelegt ist. Der Bewußtseinsprozeß in der Gedichtfolge, der sich von Ahnungen und Erwartungen bis zum Erlebnis des Todes vollzieht, hat seine Entsprechung in einer wachsenden Verfestigung der Formen und der Tonalität; letztere ergibt sich aus der Tonartenfolge der Lieder: c-fis-es-d-D-D. Tonale Zentrierung steht aber nicht nur ein für die subjektive Gewißheit des bevorstehenden Geschicks, sondern durch den finalen Charakter der Kadenz auch für dessen Unabwendbarkeit. Diese neue Ausdrucksqualität von Tonalität verdeutlicht Zemlinskys seltene, aber pointierte Verwendung der vollständigen Kadenz, etwa im zweiten Lied bei den Worten „wollten ihr Schicksal finden" oder im vierten bei den Versen „Und ich sah den Tod, . . . der erwartet ihn auch". In dieser veränderten Bedeutung der Tonalität ist die Kadenz in ganz anderem als affirmativen Sinn „Erfüllung". Diese Bedeutung fällt ihr aber nur zu durch das Gegenüber von Strukturen, die die Tonalität gefährden und als Auffächerung des chromatischen Totals die Fülle des Lebens repräsentieren (siehe S. 92). Komplementäre Teiltonalitäten und Formüberblendungen sind aber auch Zeichen für die „Zerspaltung" des Bewußtseins, die Novalis geahnt hatte. Infolge dieser „Zerspaltung" versagte das Ich vor dem selbsterhobenen Anspruch auf totale Romantisierung der Welt, wie ihn Novalis einst artikuliert hatte; Innerlichkeit als ästhetisches Programm, die äußere Erfahrung mit der inneren zu versöhnen, verkam zur psychologischen Kategorie der Verinnerlichung, in der das Ich sich selbst entfremdet ist.

KAMMERMUSIK

Als zentrale Gattung der Kammermusik gilt das Streichquartett. Den Grundstein für seine Bedeutung in der Entwicklung der Kompositionstechnik legten Haydn und Mozart mit ihren Quartetten von 1781 bzw. 1785. Seither ist mit der Gattung des Streichquartetts der Anspruch besonders intensiver satztechnischer Durchgestaltung verbunden. In Beethovens Quartettschaffen erfährt die motivisch-thematische Arbeit eine wachsende Verdichtung, die schließlich in der Gruppe der späteren Streichquartette ein kaum mehr zu überbietendes Ausmaß erreicht. Zugleich aber vollzieht sich durch Beethovens Streichquartette ein tiefgreifender Wandel in der Entwicklung der Gattung: immer weniger wendet sie sich gleichermaßen an „Kenner und Liebhaber" als Hörer oder gar Ausführende; vielmehr wird das Streichquartett zu einem kompositorischen Experimentierfeld, auf dem sich in einem für Komponist und Publikum zunehmend konträren Sinne Unerhörtes zuträgt, und immer mehr wird das Ideal des musikalischen Dialogs, das den frühen klassischen Quartettstil beherrschte, durch Eingriffe des Komponisten in den Fluß der musikalischen Ereignisse gefährdet. In den letzten Quartetten Beethovens vermitteln die vier Spieler häufig nicht mehr den Eindruck dialogisierender Partner, sondern ihre Instrumente sind — nicht anders als das Orchester oder das Klavier — Instrumentarium in der Hand des einen Komponisten. Obwohl diese späten Werke Beethovens im 19. Jahrhundert kaum rezipiert werden, und das Gros der Streichquartettkomposition noch lange Zeit — in Anpassung des „dialogisierenden Stils" — einem musikalischen Konversationston verhaftet bleibt, wird das Streichquartett, vor allem durch die späten Kompositionen Schuberts und die Quartette von Brahms, ein Ort der Vertiefung ins kompositorische Detail und der Versenkung in hermetische Intimität. Bei Brahms freilich bilden neben den Streichquartetten Kompositionen für gemischte Instrumentalensembles den Schwerpunkt seiner Kammermusik.

Zum Trio op. 3

Mit Kammermusikwerken für gemischte Besetzungen gewinnt Zemlinsky die Anerkennung und Unterstützung von Brahms. Die bedeutendste dieser Jugendkompositionen ist das Trio für Klarinette, Violoncello und Klavier op. 3 (d-moll) aus dem Jahre 1896. Der Kopfsatz des dreisätzigen Werkes hat kompositorisch das stärkste Gewicht. Seine musikalischen Gedanken sind — abgesehen von einigen rhythmischen Verwicklungen in der Art von Brahms — durch eine gewisse Weichheit der Melodik gekennzeichnet, in der Dvořáks Präsenz im Wiener Musikleben der neunziger Jahre anklingt. Allerdings ist in diesem Satz die Verarbeitung der Themen über das bei Dvořák übliche Maß hinaus intensiviert; zumal die Durchführung mit ihren vielfältigen Verbindungen von Hauptthema und triolischer Überleitungsfigur zeugt von der kombinatorischen Phantasie des Komponisten. Gleichwohl verharrt sie in einer gewissen Beschaulichkeit und vermeidet Konfliktsituationen, deren Spannungen den Eintritt des Hauptthemas in augmentierter Form als zwingenden Höhepunkt der Durchführung herbeiführen würden. Dieser Sonatensatz zeigt Zemlinsky als Komponisten wohl auf dem Stand seiner Zeit, zugleich aber birgt er in sich einen leisen Widerspruch zwischen dem lyrischen Charakter des Hauptthemas und der zum Dramatischen drängenden Dynamik der Sonatenform. — Das Andante folgt dem Formtypus A - B - A'. Der erste Teil, dessen Thema in seinem Anfang an eine Überleitungsfigur aus dem ersten Satz erinnert, ist von liedhafter Periodik geprägt. Der Mittelteil, „poco mosso con fantasia“, gibt dagegen Spielfiguren und Klangwirkungen der Instrumente breiten Raum — das Vorbild des „a l'ongherese“ aus dem zweiten Satz des Klarinettenquintetts op. 115 von Brahms ist unverkennbar. Die variierte Wiederholung des ersten Teiles verbindet die liedhafte Thematik mit begleitenden Spielfiguren aus dem Mittelteil. — Der letzte Satz bewahrt nicht die konstruktive Dichte des ersten, er repräsentiert den älteren Finaltyp des „Kehraus“, dem eine von Spielfiguren geprägte Thematik ohne individuelle Züge entspricht. Obwohl in diesem Satz eine Homogenität von legerer Thematik und locker reihender Form (mit rondoartigen Zügen) erreicht ist, muß man — gerade wegen der Qualität der beiden anderen Sätze — bedauern, daß Zemlinsky vor der Aufgabe, einen konsistenten Schlußsatz zu komponieren, ausgewichen ist. Dem Charakter des „Kehraus“ widerspricht die pathetische Wiederaufnahme des elegischen Hauptthemas aus dem ersten Satz gegen Ende des Finales, die eine Geschlossenheit des Werkes unterstellt, die durch die Satztechnik nicht eingelöst ist.

Zum Ersten Streichquartett op. 4

In Zemlinskys Erstem Streichquartett op. 4 (A-dur), das wie das Trio im Jahre 1896 entstand, tritt der Anspruch der Gattung deutlich hervor: Beide Ecksätze sind in Sonatenform angelegt, in ihrer Thematik ist die weiche, schwermütige Melodik Dvořákscher Prägung weitgehend vermieden. Im Gegenteil — sogleich zu Anfang des ersten Satzes läßt sich Zemlinsky auf komplizierte hemiolische Bildungen ein und wartet dann obendrein mit einem doppelten Kontrapunkt auf, der sich zwar nur über zwei Takte erstreckt, aber sofort durch Stimmtausch „vorgezeigt" wird[1]. Solcher satztechnischer Finessen befleißigt sich Zemlinsky wohl unter dem Eindruck der persönlichen Bekanntschaft mit Brahms. Freilich sind sie nicht als besondere Ereignisse im Formverlauf vermittelt, sondern von Anfang an dem Thema beigegeben und wirken daher aufgesetzt. Vielleicht äußert sich bereits in diesem Satz unbewußt Zemlinskys Tendenz, dem Beginn einer Komposition besondere Aufmerksamkeit zu schenken — eine Tendenz, die sich in einer von motivisch-thematischer Arbeit geprägten Sonatenform weniger bewähren kann als in einem Satz, in dem ein Modell in verschiedenen Varianten entfaltet wird. Mit Sicherheit aber drückt sich in der satztechnischen Überfrachtung des Themas der Überbietungszwang aus, unter dem Zemlinsky in seiner historischen Situation steht und der ihn zu Beginn des Stücks satztechnische Komplikationen — das Erlernte und Erlernbare — anhäufen läßt, ohne Rücksicht auf formale Konsequenzen. — Auch die Eröffnung der Durchführung mit der Mollvariante der Tonika statt der Dominante stellt eine Abweichung dar, die den Satz vom tradierten Sonatenschema abhebt und sich doch auf klassische Vorbilder berufen kann (z. B. 1. Satz von Haydns op. 33, Nr. 5, und von Beethovens op. 14, Nr. 2). Klassizistischen Geistes ist in diesem Quartett Zemlinskys, das — ganz im Gegensatz zum Spätwerk von Brahms — kaum einmal dunklere Töne anschlägt, vor allem der musikalische Konversationston, und nicht einmal die motivisch-thematische Arbeit, die gegenüber dem Trio noch gesteigert ist, gefährdet ernstlich zwischen den Themen, in denen entfernt unterschiedliche nationale Idiome anklingen, jene gutnachbarlichen Beziehungen, die während der neunziger Jahre in der Metropole des Habsburger-Reiches so erwünscht waren.

Das Zweite Streichquartett op. 15

Zemlinskys Zweites Streichquartett op. 15 (D-dur) wurde 1914 komponiert[2]. Am Vorabend des Krieges entstanden, trennen es von dem Ersten Quartett nahezu zwei Jahrzehnte, in denen die bürgerlichen Träume aus der Zeit der Jahrhundertwende zerronnen waren; davon ist auch dieses Werk gekennzeichnet. Es zählt zu den bedeutendsten Kompositionen Zemlinskys, und Arnold Schönberg empfand es, gerade nach einer Phase der Entfremdung

---

[1] Die Exposition des ersten Satzes ist abgedruckt bei R. Stephan, Über Zemlinskys Streichquartette; in: Alexander Zemlinsky. Tradition im Umkreis der Wiener Schule (Studien zur Wertungsforschung Bd. 7), hrsg. von O. Kolleritsch, S. 120 ff.

[2] Das Autograph trägt keine Datierung; doch erlaubt Zemlinskys Briefwechsel mit der Universal Edition, die das Werk verlegte, Rückschlüsse auf die Entstehungszeit.

zwischen ihm und Zemlinsky, als erneuten Freundschaftsbeweis und „Auszeichnung", daß es ihm gewidmet ist[3].

Zwischen Schönbergs Kammermusik und Zemlinskys Quartett gibt es mehrfache Beziehungen: Neben einigen melodischen Reminiszenzen an die „Verklärte Nacht" hat es vor allem mit Schönbergs Erstem Quartett op. 7 die einsätzige Anlage gemein, in der die vier Satztypen des Sonatenzyklus als Teile eines großen Sonatensatzes interpretiert werden[4]; seine Harmonik steht allerdings der von Schönbergs Zweitem Quartett op. 10 näher; schließlich übernimmt Zemlinsky aus Schönbergs Kammersymphonie op. 9 die Technik, die große einsätzige Form durch eine Art Motto zu gliedern, das an allen wesentlichen Formeinschnitten erscheint.

Zemlinskys Rückgriff auf Schönbergs Formbildung legt nahe, das Quartett unter dem Aspekt zu betrachten, inwieweit es Schönbergs Formkonzeption weiterentwickelt. Nun hat aber Schönberg selbst die Formidee seines Ersten Quartetts in der Kammersymphonie gewissermaßen zu Ende gedacht, indem er die beiden Durchführungspartien vor und nach dem Scherzoteil des Quartetts in der Kammersymphonie zu einer einzigen, groß angelegten Scherzo-Durchführung zusammenfaßte. Zemlinsky schlägt in seinem Quartett jedoch den entgegengesetzten Weg ein, indem er jedem Formteil, der einen Satzkomplex im Sinne der Sonatenform repräsentieren könnte, eine eigene Durchführung folgen läßt.

	SONATENSATZFORM ◁——▷	SONATENZYKLUS
Takt 1	Hauptsatz	Schneller Kopfsatz
T. 3 nach Ziffer 6	(Durchführung (I)	
14	Seitensatz (Variationen)	Langsamer Satz
32	Adagio-Durchführung (II)	
44	Variationen	Scherzo (Trio: 78—83)
56	Scherzo-Durchführung (III)	
90	Reprise (verkürzt)	Finale
100	Durchführung (IV)	
134	Coda	

[3] Brief Schönbergs an Zemlinsky vom 9. 1. 1915, Privatbesitz, London; siehe Arnold Schönberg. Ausstellungskatalog, hrsg. von E. Hilmar, Wien 1974, S. 268. Schönberg konzipierte sogar einen vierhändigen Klavierauszug von Zemlinskys Quartett.

[4] Die Tradition dieser Formkonzeption reicht bis auf Liszts h-moll-Sonate für Klavier zurück.

In Zemlinskys Überlagerung von Sonatenform und Sonatenzyklus steht — im Gegensatz zu der Schönbergs — nicht der Sonatensatz im Vordergrund, sondern die Folge alternierender Aufstellungs- und Verarbeitungspartien; denn dadurch, daß jedem Teil dieses „Sonatensatzes“ seine eigene Durchführung folgt, nicht aber gegensätzliche Themenkomplexe in einer gemeinsamen Durchführung miteinander konfrontiert werden, wird die Dynamik des weitgespannten Bogens im Sinne der Sonatenform aufgehoben.
Zemlinskys Widerstreben, den Erfordernissen der Sonatenform nachzukommen, steht in engem Zusammenhang mit der Eigenheit der thematischen Charaktere. In seinem Zweiten Quartett stimmen musikalische Einzelgestalt (der „Einfall“ als einem Persönlichen) und tradierte Form (der Sonatensatz als einem Allgemeinen) nicht zusammen. Latent war dieser Widerspruch schon in früheren Werken vorhanden, aber es bestimmt den Rang des Zweiten Quartetts als Komposition, daß Zemlinsky in ihm sich diesem Widerspruch stellt: der „Einfall“ hat Konsequenzen für die Formkonzeption, und umgekehrt prägt sich diese noch in der Erfindung des musikalischen Details aus.
Dies verdeutlicht das Motto, mit dem das Quartett eröffnet wird: Wie anders als das fortstürmende Quartenthema — sein Pendant in Schönbergs Kammersymphonie — tritt es auf! (Notenbeispiel 15)

Notenbeispiel 15

Das Motto gliedert sich durch die Wiederholung seines Anfangs in Takt 3 in zwei Teile von nahezu gleicher motivischer Substanz. Diese besteht aus der Sechzehntelfigur d^1-e^1-g^1 (Sekund, Terz und ihr Rahmenintervall, die Quart, sind auch für die Motivbildung der folgenden Themen von großer Bedeutung) und aus der Achtelbewegung in Sekunden, die erst von f^1 nach g^1 zurückkehrt, später nach es^1 abfällt, also den engen Rahmen einer Quart, der zu Anfang der melodischen Bewegung gesteckt ist, nicht sprengt. Von den langen Notenwerten am jeweiligen Ende dieser Motive geht eine starke gliedernde Wirkung aus, so daß sich nicht die beiden variierten „Hälften“ des Mottos, sondern die Motive selbst als primäre Sinnglieder anbieten, zumal sie zueinander in einem korrespondierenden Verhältnis stehen: Das Sechzehntelmotiv wird als erste Sinneinheit aufgestellt, die durch das Achtelmotiv als zweiter Sinneinheit ergänzt und bestätigt wird, und zwar melodisch durch den Nachtrag des übersprungenen f^1 und Rückkehr zum Zielton des ersten Motivs, harmonisch durch Wiederholung der Folge Tonika — Subdominante (Moll). Das Sechzehntelmotiv wird als Aufstellung wiederholt, und abermals folgt das Achtelmotiv, aber diesmal in melodischer Umkehrung und nicht als Bestätigung, sondern auch in Umkehrung seines musikalischen Sinns als Infragestellung; denn die melodische Bewegung verläuft nicht nur in entgegengesetzter Richtung, sondern bricht mit dem neuen Zielton es^1 — einem „melodischen" Neapolitaner — aus dem bisher festgehaltenen d-moll aus, während die Harmonik dieses es^1 nicht einmal als Neapolitaner bestätigt, sondern durch den trugschlußähnlichen Umschlag nach Ces-dur, das im Quintenzirkel d-moll diametral gegenüberliegt, eine zusätzliche Verunsicherung herbeiführt.

Die auf dem subdominantischen g-moll insistierende Harmonik mit der abrupten Wendung nach Ces-dur, die enge Begrenzung der melodischen Bewegung, der abtaktige rhythmische Anfangsimpuls, der sich in den langen Notenwerten zu verlieren droht, die Kleingliedrigkeit des ganzen Gebildes — all dies zeugt weniger von symphonischem Elan als von einer zögernden, in sich selbst hineinhorchenden Haltung. Aber so wenig das Motto auf Expansion angelegt scheint, so hat es doch weitreichenden Einfluß auf das musikalische Geschehen in dem Quartett. Denn es erscheint nicht nur als gliedernder Gedanke zwischen den einzelnen Formabschnitten, sondern ist für die Gestaltung der meisten anderen Themen und für die Entwicklung der ganzen Form von konstruktiver Bedeutung.

Alle wichtigen Themen des Quartetts sind — wenn auch auf verschiedene Weise und in unterschiedlichem Grade — mit dem Motto verwandt. Diese Beziehungen werden in der Komposition zum Teil explizit dargestellt, indem einzelne Themen durch entwickelnde Variation aus dem Motto abgeleitet oder nachträglich in dieses zurückverwandelt werden; zum Teil bleiben sie auch „unausgesprochen", so daß sie sich dem Hörer nur assoziativ mitteilen. Verschiedene Grade der Verwandtschaft ergeben sich dadurch, daß nicht alle Themen unmittelbar aus dem Motto, sondern einige auch aus anderen Themen als primären Abwandlungen des Mottos entwickelt sind; es gibt also gewissermaßen eine Genealogie der Themen. Gerade für diese entfernteren Verwandtschaftsgrade ist die Kleingliedrigkeit des Mottos mit der Folge von Aufstellung, Bestätigung, erneuter Aufstellung und Infragestellung von entscheidender Wichtigkeit; denn Themen, die nicht in einem offensichtlichen motivischen Zusammenhang mit dem Motto stehen, folgen doch häufig seinem Phrasierungsmodell. So ist das Motto als Motivreservoire und als Phrasierungsmodell in dem Quartett allgegenwärtig.

Im folgenden wird versucht, Formbeschreibung und Skizzierung der Genealogie der Themen miteinander zu verbinden (die Ziffern in Klammern verweisen auf die numerierten Systeme in Notenbeispiel 16, S. 102/103).

Notenbeispiel 16

erneute Aufstellung
Infragestellung
2. V.
Va
sfz
fff
ff

Dem Motto (1) folgt unmittelbar die erste seiner Varianten (2): Der Rhythmus des Kopfmotivs wird aufgenommen und cis^2 als vorläufiger Zielton des neuen Anfangs festgehalten. Die Achtelbewegung in Sekundschritten wird zu einer Umspielung des Zieltons ausgeweitet, die beim ersten Mal — quasi als Bestätigung — zu dem allzu hastig erreichten cis^2 zurückkehrt, beim zweiten Mal aber einen Ton höher ansetzt und auf d^2 statt cis^2 auskommt; so bleibt die Variante melodisch für eine weiterführende Entwicklung offen. Hier sind also das Phrasierungsmodell und die motivische Substanz des Mottos gewahrt.

Das offene Ende der Variante geht in eine kurze Überleitungspartie über, die den Wechsel von langen Notenwerten und kurzer Belebung zu neuen rhythmischen Gestalten rafft. Die so entstehenden Überbindungen, deren Stau sich jeweils in einer lebhafteren rhythmischen Figur entlädt, prägen das Thema des Hauptsatzes (3). Es folgt, vermittelt durch die erste Variante (2), ebenfalls dem Phrasierungsmodell des Mottos: Aufstellungsfunktion hat der vollgriffig gesetzte d-moll-Akkord mit dem scharf dissonierenden gis^2 in der ersten Violine[5]. Dieses gis^2 wird wieder umspielt, diesmal von einer Wendung, die durch Chromatik und punktierten Rhythmus differenziert ist. Das zweite gis^2 hat als Zielton der Umspielungsfigur zunächst bestätigende Funktion, dann, mit dem sforzato-Einsatz des d-moll-Akkords in den anderen Instrumenten, die Funktion einer Rekapitulation der Aufstellung; die Umspielungsfigur kommt nun auf b^2 statt gis^2 aus und geht wieder in eine Partie freieren Variierens über, in der die dreitönige Umspielungsfigur in das neue rhythmische Motiv der Triole umgeformt wird. Punktierter Rhythmus und Triole sind damit als die wesentlichen Motive des Hauptsatzes vorgestellt, die auch die anschließende Durchführung beherrschen.

Für die Durchführung des Hauptsatzes (nach dem Doppelstrich[6]) ist charakteristisch, daß die einzelnen Motive isoliert — wenn auch in verschiedenen Stimmen gleichzeitig — behandelt, selten aber zu neuen Gestalten kombiniert werden. Die Durchführungstechnik besteht hier — darin einigen Quartettsätzen des späten Beethoven durchaus ähnlich — weniger in der Konfrontation schnell wechselnder Motive, als in geradezu verbissenem Festhalten an

---

[5] Dieser Akkord durchzieht als Klangchiffre das ganze Quartett; vor allem enden alle fünf Variationen des zweiten Seitenthemas mit ihm (siehe unten S. 105 f.). Zur Herkunft des Klanges verwies G. Neuwirth in seinen Notizen im Programmheft des Musikprotokoll Graz 1974 auf den zweiten Satz von Schönbergs Orchesterstücken op. 16; ebenso denkbar — und vielleicht näherliegend — ist der letzte Satz von Schönbergs Zweitem Streichquartett op. 10. — Ein Druckfehler in der Taschenpartitur: Cellostimme, Ende von Takt 12: Tenor-, nicht Altschlüssel.

[6] R. Stephan (a. a. O., S. 130) unterscheidet nicht zwischen einem Aufstellungs- und einem Durchführungsabschnitt des Hauptsatzes und nimmt neben dem Motto drei musikalische Gedanken des Hauptsatzes an (1. Takt 11 ff., 2. Takt 50 ff., 3. Takt 83 ff.). Dagegen ist doch Takt 50 ff. eine kaum veränderte Variante von Takt 11 ff., Takt 83 ff. eine Variante des Mottos (mit Triole und punktiertem Rhythmus durchsetzt). Stephans Beschreibung des Hauptsatzes ist wohl in einer Betrachtungsweise des Quartetts begründet, die das Schema des Sonatensatzes zu sehr in den Vordergrund stellt.

ein und demselben Motiv. In Verbindung mit der Agogik („Heftig bewegt", „Wild" sind u. a. die Vortragsbezeichnungen) nimmt die Durchführung — ganz im Gegensatz zum ungebrochenen Konversationston des Ersten Quartetts — einen zunehmend hektischen Verlauf und rast „in fortwährender Steigerung" auf einen Höhepunkt zu, der indes suspendiert ist — in einem abrupten Stimmungsumschlag erklingen, „mit großem Ton" vorzutragen, das Motto und seine erste Variante, die den Seitensatz einleiten.

Aus dem bisher beschriebenen Teil des Quartetts wird deutlich, daß sein Verlauf wesentlich von dem Wechsel zwischen verfestigten, d. h. von einem Modell abhängigen, und frei entwickelten Gebilden bestimmt wird. Dieser Wechsel ist — gewissermaßen als Modell — auf drei Ebenen der kompositorischen Gestaltung projiziert: auf die Ebene der kleinsten musikalischen Bausteine als Wechsel von aufstellenden und antwortenden bzw. infragestellenden Motiven, auf die Ebene größerer musikalischer Sinneinheiten als Übergang von Modellvarianten zu Partien freier entwickelter Variation und auf die Ebene der großformalen Anlage als alternierende Folge von Aufstellungs- und Durchführungsteilen.

Im Seitensatz werden zwei Themen entfaltet. Das erste (4), dessen melodische Substanz aus der Umspielungsfigur der Motto-Variante (2) entwickelt wird, läßt wieder das Phrasierungsmodell des Mottos erkennen; ein kontrastierender Mittelteil, dessen Figuren Erinnerungen an Schönbergs „Verklärte Nacht" wachrufen, rundet es zu einer „dreiteiligen Liedform" ab. Das zweite Thema (5) folgt gleichfalls dem Phrasierungsmodell, doch sind nicht Motive, sondern ganze Melodiezeilen die korrespondierenden Sinnglieder. Die Gliederung der Melodik in einzelne Zeilen, in der Artikulation durch Zäsuren hervorgehoben, und der homophone Satz verleihen dem Thema einen erhabenen, choralähnlichen Charakter. Dieser „Choral" liegt den folgenden fünf Variationen als Thema zugrunde.

Obwohl die Variationsfolge keine neuen Gedanken oder Konstruktionsprinzipien enthält, die für den weiteren Formverlauf des Satzes konstitutiv wären, verdient sie doch eine detailliertere Betrachtung, weil sie für Zemlinskys Variationstechnik besonders charakteristisch ist. Die erste Variation ist in der Art eines Rezitativs angelegt: die erste Violine trägt eine als „musikalische Prosa" entwickelte Kantilene vor, während die übrigen Instrumente die z. T. durch Diminution variierten „Choral"-Zeilen intermittierend oder simultan als Kommentar einblenden. In der zweiten Variation („Etwas rascher") spielen die beiden Geigen geisterhaft vorbeihuschende Spiccato-Passagen „ohne Rücksicht auf das ruhige Tempo der Bratsche und des Cellos", die in Abständen die einzelnen Zeilen des Themas vortragen. Spiccato-Passagen und „Choral"-Zeilen kontrastieren in Tempo und Ausdruck, obwohl das Thema, von seiner neuen musikalischen Umgebung beeinflußt, seinen erhabenen „Choral"-Charakter verloren hat. In der dritten Variation erklingt das Thema zum letzten Mal in allen Zeilen vollständig, allerdings in nochmals verkleinerten Notenwerten, die durch den Pizzicato-Vortrag noch kürzer erklingen und die Kenntlichkeit des Themas umso mehr erschweren, als sich die heftigen Einwürfe der ersten Violine (arco) in den Vordergrund drängen. Deren Sechzehntelfiguren werden in der vierten Variation („Noch etwas bewegter") so gesetzt, daß sie zunächst noch die Töne der ersten Themenzeile umspielen, sich dann aber vom Bezug zum Thema lösen; die „mit springendem Bogen" gespielten Passagen der ersten Geige, der Pizzicato-Orgelpunkt des Cellos und die „am Steg" gespielten Figuren der Mittelstimmen ergeben einen fahlen Klang, der auch in der letzten Variation erhalten bleibt. In ihr erscheint anfangs noch einmal die

Intervallkombination des Themenkopfes, löst sich jedoch sofort in einem motivischen Abspaltungsprozeß völlig auf, während die erste Violine „schattenhaft" von gis^3 über drei Oktaven herabsinkt.

Die Folge der Variationen löst sukzessiv die Gestalt des zweiten Seitenthemas auf und wiederholt so auf engerem Raum den Prozeß der Veränderung, dem auch das Motto unterworfen ist: Der zunehmenden Zersetzung des Themas von Variation zu Variation, die gestalthafte Zusammenhänge in abstrakte Intervallkombinationen auflöst, entspricht im Verlauf des Quartetts die wachsende Entfernung der neuen Themen von dem Motto. Mit dieser Entwicklung stimmt auch die Auflösung des Phrasierungsmodells in der Variationsfolge überein: In den ersten beiden Variationen wird es beibehalten, in den letzten beiden verlassen, während die dritte Variation eine vermittelnde Stellung einnimmt.

Die den Variationen folgende Überleitung ruft frühere Gedanken — vor allem das erste Seitenthema, das Motto und seine erste Variante — in Erinnerung, deren motivisches Material in der folgenden Adagio-Durchführung verarbeitet wird. Diese „Durchführung" unterscheidet sich von der ersten vor allem dadurch, daß nicht auf einzelnen Motiven insistiert wird, sondern bekannte Motive unterschiedlicher thematischer Herkunft in weittragenden melodischen Bögen miteinander verschmolzen und in ein dichtes polyphones Netz eingewoben werden. Der erste Teil der Durchführung wird von zwei derart zusammengesetzten Gedanken (6, 7) beherrscht, ehe in der zweiten Hälfte eine Variante des Hauptthemas (8) eingeführt wird, der freilich durch ruhigere rhythmische Bewegung der Elan genommen ist. Denn dieses Adagio wird von einem melancholischen Grundton getragen, der sich bisweilen bis zu depressiven Momenten steigert. Ganz verhalten klingt die Durchführung aus — in vierfachem Piano sinkt der Klang „schattenhaft leise" in sich zusammen.

In schärfstem Gegensatz zu dem breit dahinströmenden Espressivo des Adagios steht das folgende Scherzo-Thema (9). Seine Melodik verläuft, da sie schematisch zwischen Sekunden und Quarten wechselt, in kurzatmigen Sequenzen, deren Einförmigkeit durch den ostinaten Rhythmus und die leeren Pizzicato-Quinten des begleitenden Cellos unterstrichen wird. Mit Dämpfern und „ohne Ausdruck" vorgetragen, entsteht der Eindruck eines Gassenhauers — gespielt von einem, der auf die Welt zu pfeifen vorgibt: das emotionale Engagement des Adagios schlägt in ironische Distanz um. Die folgenden drei Variationen über das Scherzo-Thema gleichen in ihren spielerischen Verrenkungen von Harmonik (Bitonalität) und Melodik Harlekinaden — die Welt des „Pierrot lunaire" ist nahe —, beschwören aber auch das spukhafte Wesen der Seitensatz-Variationen. Ernst wird dieser Spuk mit Beginn der dritten Durchführung („leise, aber gut betont"), in der Gestalten aus den Scherzo-Variationen und Varianten des ersten Hauptthemas (10, 11) verarbeitet werden. Unter dem Griff forcierter motivischer Arbeit, die lediglich im Trio (Ziffer 78—83) gelockert wird, erhält die Durchführung einen immer exzentrischeren Charakter: geradezu exhibitionistische Momente („mit ordinärem, trivialem Ausdruck") gehen schließlich unter in einer hysterischen Überstürzung der Ereignisse („wild und verhetzt"), die — abermals in einem abrupten Umschlag — in die Reprise münden.

„Mit großem Ausdruck" erklingt das Motto und seine erste Variante. Haupt- und Seitensatz werden bruchstückhaft und in umgekehrter Reihenfolge in Erinnerung gerufen[7]. Durch entwickelnde Variation erscheint ein „neues" Thema (12), das sich jedoch von der Variante des Hauptsatz-Themas (8) in der Adagio-Durchführung herleitet. Dieses variierte Hauptthema eröffnet die letzte Durchführung, in die zahlreiche Varianten und motivische Reminiszenzen aus dem ganzen Quartett eingebracht sind[8]. Dem unterschiedlichen Material entsprechend, schwankt diese letzte Durchführung — nach „feurigem" Beginn — zwischen dem zögernden Bewegungsfluß des Adagios und der Hektik des Scherzos, ohne Ausgeglichenheit zu erreichen. Die Coda, die nur das erste Seitenthema samt seinen „Verklärte-Nacht"-Reminiszenzen und das Motto aufgreift, wirft noch einmal einen Blick zurück auf die kantablen Gedanken des Quartetts.

Bei dieser Beschreibung der Thematik und der Formentwicklung erwies sich der Kanon traditioneller Formbegriffe lediglich als Notbehelf: eindeutig setzt sich der Wechsel von Aufstellungs- und Durchführungspartien als primäres Gliederungsprinzip der Komposition gegen die Sonatenform durch. Diesem Wechsel entspricht in der Satztechnik die Alternation von motivisch-thematischer Arbeit, die thematische Gestalten auflöst und zu neuen Komplexen zusammensetzt, und Variantenbildung, die Modelle als Ganzes bewahrt, in den Details aber fortschreitend verändert. Dieser Wechsel in der satztechnischen Faktur bewirkt ein immer wieder verändertes Satzbild — und „Bild" meint hier nicht nur das Notenbild, sondern auch die vom Komponisten intendierte „Bildhaftigkeit" der Musik. Denn die unterschiedlichen Satzarten, die sich im Laufe des 19. Jahrhunderts vor allem in der Ausgestaltung der Sonatenform etabliert hatten, waren in der Programmusik mit gewissen Bedeutungen oder bildhaften Vorstellungen gekoppelt — es gab etwa den Typ des chaotischen oder den des idyllischen Satzbildes, wobei der eine einmal Don Quixotes Kampf mit den Windmühlen, ein andermal das von Till Eulenspiegel gestiftete Durcheinander auf dem Marktplatz meinte, der andere die Liebe zu Dulcinea oder „Es war einmal ...". So lag hinter den jeweils doch individuell geprägten Gestalten ein Netz von Assoziationen, das aus der Rezeption der Musik im frühen 20. Jahrhundert nicht wegzudenken ist. Nun verfolgte Zemlinsky bei der Komposition gewiß kein „Programm", wohl aber zeichnete er den Wechsel unterschiedlicher seelischer Zustände in jener allge-

[7] Zur rückläufigen Reprise und ihrer Beziehung zur „Logik des Traumes" siehe G. Neuwirth, Die Harmonik in der Oper „Der ferne Klang" von Franz Schreker (Studien zur Musikgeschichte des 19. Jahrhunderts, Bd. 27), Regensburg 1972, S. 165 ff.

[8] Neuwirth (Programmnotizen, a. a. O.) nimmt trotz des ähnlichen thematischen Materials eine zweite Exposition an.

meinen, an kein konkretes Erlebnis gebundenen Art, wie sie der Musik durch den Traditionszusammenhang, in dem sie jeweils steht, gegeben ist. Dies bestätigen Zemlinskys Vortragsbezeichnungen wie „heftig und leidenschaftlich", „wild", „klagend", „schattenhaft leise" oder „mit ordinärem, trivialem Ausdruck". Es sind häufig extreme psychische Zustände, denen die Musik in den einzelnen Formabschnitten Ausdruck verleiht, ohne sie zu vermitteln: Übergänge zwischen Partien konträrer Setzweise ereignen sich nicht organisch, sondern entweder als erschöpftes Zusammensinken oder als abrupter Umschlag. Die Einheit des Ganzen trotz dieser einkomponierten Risse zu wahren, ist eine wesentliche Funktion des Mottos; mit ihm, als dem entscheidenden Identifikationspunkt im Wechsel der Bilder, sagt der Komponist gleichsam „Ich".

Zemlinskys Zweites Quartett folgt nicht mehr der Dramaturgie der klassizistischen Sonatenform, obwohl deren Schema noch durchscheint, sondern vermeidet gerade Konflikte zwischen gegensätzlichen musikalischen Charakteren zugunsten eines Wechsels musikalischer „Bilder", die in sich jeweils von vergleichsweise einheitlicher Affekthaltung sind und diese ins Hysterische steigern zu Zuständen von depressiver Melancholie bis zu wahnhaften Schreckensvisionen. Wie im Maeterlinck-Zyklus die einzelnen Lieder Stationen in einem Bewußtseinsprozeß repräsentieren, so bilden die einzelnen Durchführungen und Variationsfolgen wechselnde Visionen, die jenem „Grenzland zwischen Einsamkeit und Gemeinschaft"[9] entstammen, das zwischen Traum und Erwachen angesiedelt ist.

Wie kaum ein anderes Werk Zemlinskys zeigt das Zweite Streichquartett die Nähe seines Komponisten zu Alban Berg, und zwar nicht nur zu dessen Streichquartett op. 3, von dem Berg selbst einmal äußerte, daß es in einem gewissen Sinne dem Zemlinskys verwandt sei[10], sondern auch zur Lyrischen Suite. Zemlinskys Quartett weist voraus auf „deren progressiv gesteigerten Subjektivierungsvorgang ..., der jedoch — ebenso wie op. 3 — nicht von einem außermusikalischen programmatischen Vorwurf und dessen tonmalerischer Abschilderung getragen werden muß ..."[11]. Besonders die Adagio-Durchführung gemahnt in ihrer Melodik, die enge Intervalle mit plötzlich ausbrechenden weiten Sprüngen verbindet, an das Adagio aus der Lyrischen Suite — jenen Satz, in den Berg wiederum das Zitat aus Zemlinskys Lyrischer Symphonie eingewoben hat. Die Linie läßt sich weiter ausziehen bis zu den Rondo-Partien der „Lulu", in der Berg, die psychische Situation von Zemlinskys Zweitem Quartett zuspitzend, mit den Worten Alwas sagt: „Ich versichere dir, es gibt Augenblicke, wo man gewärtig ist, sein ganzes Innere einstürzen zu sehen."

---

[9] Siehe oben S. 29 f.

[10] Berg in einem Brief an Webern vom 18. 6. 1919; siehe: Schoenberg. Berg. Webern, Die Streichquartette. Eine Dokumentation, hrsg. von U. v. Rauchhaupt, Hamburg 1971, S. 86.

[11] Kl. Schweizer, Die Sonatensatzform im Schaffen Alban Bergs (Freiburger Schriften zur Musikwissenschaft Bd. 1), Stuttgart 1970, S. 86.

Zum Dritten Streichquartett op. 19

Zemlinskys Drittes Quartett, das 1924, also zehn Jahre nach dem Zweiten entstand, unterscheidet sich von diesem durch Zurücknahme des äußeren Umfangs und des emotionalen Engagements. Die monumentale Einsätzigkeit von op. 15 ist zurückverwandelt in die Anlage von vier relativ knappen Sätzen, in denen ein leichter, fast spielerischer Ton vorherrscht; gelegentliche Ausbrüche werden sofort wieder zurückgenommen. Zemlinsky insistiert nicht auf Entwicklungen, um so Visionen zu beschwören, wie er dies im Zweiten Quartett tat, sondern knüpft — weniger durch die Gleichberechtigung aller vier Stimmen als durch den häufigen Wechsel von Tonfall und Zeitmaß — an den Dialogcharakter an, der die Anfänge der Gattung Streichquartett beherrscht hatte. Das Dritte Streichquartett verkörpert im Gegensatz zum Zweiten eine Musik, die weniger ausschließlich den „Kenner" anspricht, sondern auch dem „Liebhaber" zugedacht ist. Der Versuch, den Gegensatz zwischen beiden Gruppen, der sich seit den frühen Tagen des Streichquartetts immer mehr verschärft hatte, unter gänzlich veränderten sozialen Bedingungen auszugleichen, gründete auf einem neuen Glauben an schöpferische Spontaneität, wie sie sich im Werk des jungen Hindemith so deutlich zu offenbaren schien[12]. Man war der Versenkung in innere Welten überdrüssig geworden und schien im Genre der Spielmusik ein neues Ideal gefunden zu haben. Auch Zemlinskys Quartett ist von einer gewissen emotionalen Distanz gekennzeichnet; es erweckt den Eindruck, Zemlinsky stehe über der Sache, die nicht ganz die seine ist.

Diese Souveränität, die bereits Adorno an diesem Quartett Zemlinskys lobte[13] und die sich doch wohltuend von der Hemdsärmeligkeit mancher Komponisten der „Neuen Sachlichkeit" unterscheidet, zeigt sich bereits im ersten Satz, der in Sonatenform angelegt ist: Als wäre der Bann gebrochen, den die Tradition für Zemlinsky über diese Form gelegt hatte, fügt sich hier alles leicht zueinander. Bereits Adorno[13] verwies auf den dialogischen Charakter des Satzes, in dem das Hauptthema („Gemächlich", aber doch „innig bewegt") mit immer wieder neuen Gedanken abwechselt. Heinrich Jalowetz, ein Schönberg-Schüler und in den zwanziger Jahren Zemlinskys 1. Kapellmeister in Prag, hat diesen Satz in der der Taschenpartitur vorangestellten Formübersicht, die als authentisch gelten kann, als verkürzten Sonatensatz bezeichnet: der breit entwickelte Überleitungsgedanke („scharf rhythmisiert") zwischen Haupt- und Seitensatz, der auch die Durchführung beherrscht, ist in der Reprise ausgespart. Der zweite Satz, „Thema und Variationen", knüpft in seiner außerordentlich differenzierten Variationstechnik an die „Choral"-Variationen des Zweiten Quartetts an. Allerdings ist hier von vornherein im Gestus

---

[12] Siehe dazu D. Rexroth, Tradition und Reflexion beim frühen Hindemith; in: Hindemith-Jahrbuch 1972/II, Frankfurt am Main, S. 91 ff.

[13] Th. W. Adorno, Zemlinsky; in: Quasi una fantasia. Musikalische Schriften II, Frankfurt am Main 1963, S. 171.

des Themas jede Monumentalität vermieden; das Thema scheint nur eben skizziert, ohne deutliche Physiognomie, und steht dem Non espressivo des Scherzo-Themas aus dem Zweiten Quartett nahe. Auch in diesen Variationen wird das Thema zunächst mit einer kontrastierenden Begleitung konfrontiert, ehe sich seine Gestalt in der weiteren Folge der sieben Variationen sukzessiv auflöst. Der dritte Satz („Romanze“) ist in dreiteiliger Liedform angelegt und kontrastiert zum vorangehenden durch feste Prägung seiner liedmäßigen Thematik. Besonders das Thema des ersten Teiles zeigt Zemlinskys Streben nach Ausgleich zwischen angespanntem Espressivo und Kantabilität: in die Höhe und Tiefe weit ausgreifende Intervalle kehren immer wieder zu einer mittleren Tonlage zurück, um die sie zentriert sind, und vermeiden durch ihre pendelnde Bewegung eine ausgeprägte Richtung der melodischen Entfaltung. Das Finale („Burleske“) — ein Rondo, von sonatenhaften Zügen durchkreuzt — weist Anklänge an Bartók auf und ist zugleich der „Rondo-Burleske“ aus Mahlers Neunter Sinfonie verpflichtet. Es deckt somit, gewissermaßen post festum, Zusammenhänge zwischen den Stiltendenzen der zwanziger Jahre und der musikalischen Welt Gustav Mahlers auf, die sich in Zemlinskys eigenem Schaffen niedergeschlagen haben: die Non-espressivo-Partien seines Zweiten Quartetts weisen beispielsweise auf den frühen Hindemith, etwa dessen zweites Streichquartett op. 16 in C-dur von 1921, voraus, dem wiederum Zemlinskys Drittes Quartett verpflichtet ist.

Zum Vierten Streichquartett op. 25

Zemlinskys Tendenz, sich von der traditionsbeladenen Konzeption des klassischen Streichquartetts zu lösen, setzt sich über op. 19 hinaus im Vierten Streichquartett op. 25 fort. Es entstand 1936, liegt aber bisher nicht im Druck vor (das Neue Wiener Streichquartett hat es für den Österreichischen Rundfunk eingespielt, und die Universal-Edition soll die Ausgabe einer Taschenpartitur vorbereiten). Abweichend von der klassischen Satzfolge besteht das Werk aus sechs Sätzen, von denen keiner mehr in Sonatenform konzipiert ist — in einer Abschrift aus dem Nachlaß ist das Streichquartett von Zemlinskys Hand mit der Überschrift „Suite“ versehen worden.
Diese Überschrift deutet die lockere Reihung der sechs Sätze an. Sie verweist aber auch auf die kompositorische Faktur des Werkes, in die Bauprinzipien der frühen Suite eingegangen sind: Die Sätze sind zu drei Paaren zusammengeschlossen — die mittleren durch Attacca-Vorschrift, die beiden letzten durch einen auskomponierten Übergang. Die Paare bestehen jeweils aus einem langsamen ersten und einem schnellen zweiten Satz. Darüber hinaus sind die beiden Sätze eines jeden Paares dadurch miteinander verbunden, daß ihre Hauptgedanken jeweils aus einem ähnlichen Motiv entwickelt sind — vielleicht eine Adaption des alten Verfahrens, durch rhythmische Variation aus einer Melodie ein Paar von Tänzen zu gewinnen.

Der erste Satz, „Praeludium (Poco Adagio)", beginnt mit einer Melodie, die noch einmal das Anfangsmotiv des Mottos aus dem Zweiten Quartett aufgreift. Ihm folgt ein breit angelegtes Scherzo („Vivace. Sehr lebhaft. Äußerste Schnelligkeit, die die Ausführung des Pizzicato gestattet"), das wie das Finale des Dritten Quartetts als „Burleske" bezeichnet ist und mit diesem die häufigen Taktwechsel gemein hat. Das zweite Satzpaar wird von einem „Adagietto" eröffnet, das in melodischer Entfaltung unmittelbaren Ausdruck sucht und so seinem berühmten Vorbild aus Mahlers Fünfter Sinfonie nacheifert[14]. Das folgende „Intermezzo" hat verspielten Charakter. „Thema und Variationen" eröffnen das letzte Satzpaar. Das Thema, das zunächst vom Cello allein vorgetragen wird, erhält durch „Echo"-Wirkungen und häufigen Taktwechsel sein fremdartiges Gepräge, dem der ganze Satz wohl seinen Untertitel „Barcarole" verdankt. In den drei folgenden Variationen wandert das Thema jeweils in eine andere Stimme. Zu Beginn der letzten Variation spielen die beiden Violinen zwei Varianten des Themas in „Engführung" und leiten so zu dem letzten Satz mit der Überschrift „Finale—Doppelfuge" über, der Polyphonie und konzertantes Wesen zu verbinden sucht.
Die Idee einer Komposition, die durch den alternierenden Wechsel unterschiedlicher Satzarten organisiert ist, wie sie Zemlinsky bereits im Zweiten Quartett — wenn auch auf sehr verschiedene Weise — verfolgte, scheint in diesem Quartett wieder aufgegriffen, zugleich aber mit der Lockerheit des dritten verbunden. Vielleicht ist es ein Zeichen von Resignation, daß Zemlinsky in diesem späten Werk den Versuch aufgegeben hat, die auseinanderstrebenden Momente formal zu binden, und diese nur mehr im Panorama einer „Suite" zusammenstellt.

SINFONIEN

Zemlinsky hat, die verschollene Symphonische Dichtung „Die Meerjungfrau" nach einem Märchen von Andersen eingeschlossen, insgesamt fünf sinfonische Werke geschrieben: zwei in den neunziger Jahren des vorigen Jahrhunderts (die erste in d-moll, die zweite in B-dur), die bereits erwähnte Symphonische Dichtung, die kurz nach der Jahrhundertwende entstand, die Lyrische Symphonie aus dem Jahre 1922 und die Sinfonietta von 1934.

Zur B-dur-Sinfonie

Zemlinsky komponierte die „Symphonie für großes Orchester" B-dur in jenem arbeitsreichen Sommer des Jahres 1897, den er zusammen mit Schönberg in

[14] Vergleiche Stephan, a. a. O., S. 135.

Payerbach an der Rax verbrachte. Für ihn war die Gattung der Sinfonie von der großen musikalischen Tradition Wiens keineswegs weniger vorbelastet als die des Streichquartetts, und so hat in diesem Jugendwerk der Einfluß von Brahms und Dvořák, aber auch von Bruckner seine Spuren hinterlassen.

Der erste Satz ist in Sonatenform gebaut. Er beginnt — wie häufig in romantischen Sinfonien — mit einer langsamen Einleitung („Sostenuto"), die den eigentlichen Kern des Hauptthemas, den „Einfall", selbständig behandelt, ehe er im Allegro zu einem Thema entfaltet wird. Dieser „Einfall" hat Signalcharakter und bewegt sich im harmonischen Hof eines einzigen Dreiklangs. Er verrät Bruckners Einfluß, der besonders dort deutlich wird, wo das Signalthema mediantische Akkordfolgen (h - d - B^7 - G^7 - Ces) durchläuft. Der Seitensatz ist kantabel gehalten, die Schlußgruppe dagegen hat tänzerischen Charakter — in Melodik und Behandlung der Instrumente klingen Dvořáks Slawische Tänze an. In der Durchführung werden — anders als im Kopfsatz des unmittelbar vorher entstandenen Ersten Streichquartetts — alle drei Themenkomplexe gleichberechtigt behandelt. Doch ist nicht zu überhören, daß Zemlinsky Schwierigkeiten hat, die Höhepunkte organisch zu entwickeln. In der Reprise erscheinen der Hauptsatz — in Anlehnung an Brahms — stark verkürzt, Seitensatz und Schlußgruppe dagegen vollständig. Eine Stretta Dvořákscher Art leitet die knappe Coda ein.

Das Scherzo wird ebenfalls von signalartiger Thematik beherrscht, deren Verarbeitung wieder an Bruckner erinnert. Auf Mahler verweisen gegen Ende des Trios — wie bereits Neuwirth anmerkte — Einwürfe von Scherzo-Motiven, die das Dacapo des Scherzos ankündigen.

Das Adagio (in Es-dur) ist in konventioneller Weise dreiteilig. Der verträumt anmutenden Hauptmelodie geht, ähnlich wie im Largo von Dvořáks Sinfonie „Aus der Neuen Welt", eine „mystische Akkordfolge" voraus (Notenbeispiel 17):

Notenbeispiel 17

Das „Gralsmotiv" aus „Parsifal" und die Wanderer-Harmonien aus „Siegfried" ineinanderblendend, zeugt diese Akkordfolge von Zemlinskys Versuch, die Harmonik des späten Wagner aufzunehmen. Freilich haben diese Akkorde, Musikdramen entlehnt, in dem Satz nur die theatralische Funktion eines Vorhangs: sie eröffnen zwar die Hauptmelodie des Adagios, gewinnen aber keinen Einfluß auf die Stufenharmonik des übrigen Satzes.

Das Finale ist ein Hommage an Johannes Brahms, der im Frühjahr des Jahres 1897 starb. Es knüpft an dessen Passacaglia aus der Vierten Sinfonie an. Allerdings wird das Thema nicht wie bei Brahms von vornherein als ausharmonisierter Satz vorgestellt, sondern nach einigen Einleitungstakten, die den Themenkopf exponieren, unbegleitet von den Bässen im Pizzicato vorgetragen — ähnlich wie im Finale der Eroica. In der letzten Variation wird noch einmal das Hauptthema des ersten Satzes aufgegriffen, um die Schlußwirkung durch diesen Rückbezug zu erhöhen.
Die B-dur-Sinfonie ist ein Werk der Wende: zum letzten Mal bewegt sich Zemlinsky in (vermeintlicher) „akademischer" Sicherheit auf vertrautem Terrain. Davon zeugt noch der naive Optimismus, mit dem er sich im ersten Satz über alle Klippen hinwegsetzt. Den späten Wagner nimmt er zwar noch in jener Weise auf, wie sie für die Nachfahren der „Klassizisten" im ausgehenden 19. Jahrhundert typisch ist: einzelne einprägsame Stellen, zumal „Leitmotive", werden übernommen, jedoch ohne Folgen für die Harmonik insgesamt, so daß jene Fremdkörper bleiben. Freilich betritt Zemlinsky mit den „mystischen Akkorden", die manche charakteristische Züge seiner späteren Harmonik vorwegnehmen, zum ersten Mal jenen schwankenden Boden, auf dem er sich künftig bewegen wird. Und mit dem Schlußsatz, der Huldigung an seinen großen Protektor, nimmt er Abschied von der Geborgenheit seiner frühen Jahre. Die B-dur-Sinfonie ist Zemlinskys letztes Jugendwerk. Rund zwanzig Jahre lang wird er die Gattung der Sinfonie meiden, ehe er — unter veränderten Bedingungen und mit anderen Intentionen — die Lyrische Symphonie komponieren wird.

Die Lyrische Symphonie op. 18

Höhepunkt in Zemlinskys Schaffen ist — neben den Maeterlinck-Gesängen und dem Zweiten Streichquartett — die 1922 entstandene „Lyrische Symphonie in sieben Gesängen nach Gedichten von Rabindranath Tagore für Orchester, eine Sopran- und eine Baritonstimme, op. 18". Obwohl selten genug gespielt, ist sie unter Musikern zumindest dem Titel nach bekannt; denn Alban Berg wies in der Partitur seiner „Lyrischen Suite", die Zemlinsky zugeeignet ist, ein Zitat als der „Lyrischen Symphonie" entstammend aus und ließ sich von dem Titel des Zemlinskyschen Werkes zur Benennung seines zweiten Streichquartetts anregen. Überhaupt gibt die Lyrische Symphonie jener Mischgattung von Lied und Symphonie, die ihre reinste Ausprägung in Mahlers „Lied von der Erde" erhalten hatte, recht eigentlich ihren Namen. Die Ähnlichkeiten zwischen Mahlers und Zemlinskys „Lied-Symphonie" in Textwahl und äußerem Aufbau sind denn auch so auffällig, daß Ferdinand Redlich aus ihnen mit Recht auf eine „bewußte geistige Gefolgschaft" Zemlinskys schloß[1].

[1] H. F. Redlich, Alban Berg. Versuch einer Würdigung, Wien usw. 1957, S. 187.

Aber die Lyrische Symphonie ist keineswegs ein bequemer Rückgriff Zemlinskys auf Mahlers beliebtestes Werk, sondern sie leitet sich in ihrer Konzeption aus Zemlinskys eigener kompositorischer Entwicklung her: in ihr verbinden sich Formungstendenzen der Maeterlinck-Gesänge und des Zweiten Streichquartetts.

Die Lyrische Symphonie ist das einzige Werk, zu dem sich Zemlinsky selbst geäußert hat: „Innere Zusammengehörigkeit der 7 Gesänge mit ihren Vor- und Zwischenspielen, die alle ein und denselben tiefernsten, leidenschaftlichen Grundton haben, muß bei richtiger Erfassung und Ausführung einwandfrei zur Geltung kommen. Im Vorspiel und 1. Gesang ist die Grundstimmung der ganzen Symphonie gegeben. Alle anderen Stücke, so sehr sie sich auch durch Charakter, Zeitmaß usw. voneinander unterscheiden, sind der Stimmung des ersten entsprechend abzutönen. So darf beispielsweise der 2. Gesang, der etwa die Stelle eines Scherzos einer Symphonie einnimmt, durchaus nicht spielerisch flüchtig, unernst aufgefaßt werden; der 3. Gesang — das Adagio der Symphonie — keinesfalls als weichliches, schmachtendes Liebeslied. Namentlich bei diesem Lied ist der tiefernste, sehnsüchtige, doch unsinnliche Ton des 1. Gesanges festzuhalten. Durch Auslegung der 7 Gedichte, die erst von mir durch Anordnung und Vertonung in eine innere Zusammengehörigkeit gebracht wurden, sowie durch eine Art leitmotivischer Behandlung einiger Themen ist die Einheitlichkeit des Werkes ebenfalls deutlich betont und vom Dirigenten in diesem Sinne wiederzugeben.“[2]

Zemlinsky unterscheidet ausdrücklich zwischen „Anordnung“ und „Vertonung“ als sinnstiftenden Arbeitsvorgängen; beide sind daher für die Interpretation der Lyrischen Symphonie zu berücksichtigen. — Ein Vergleich mit Tagores Gedichtsammlung „Der Gärtner“[3] zeigt, daß Zemlinsky — wie im Falle der Maeterlinck-Gesänge — die von ihm zur Komposition ausgewählten Gedichte in der Lyrischen Symphonie umgestellt und dadurch in eine neue „innere Zusammengehörigkeit“ gebracht hat, die den Schlüssel zu Zemlinskys „Auslegung der 7 Gedichte“ liefert. Die sieben Gesänge werden zwar abwechselnd von einer Bariton- und einer Sopranstimme vorgetragen, doch hat der Bariton durch die Anzahl und Plazierung seiner Gesänge das Übergewicht: ihm sind der Anfangs- und der Schlußgesang vorbehalten.

Das erste Gedicht spricht von einer „Sehnsucht nach fernen Dingen“, die in dieser Welt nicht erfüllbar ist: „O großes Jenseits, o ungestümes Rufen deiner Flöte ... Ich vergesse immer, daß ich keine Schwingen zum Fliegen habe, daß ich an dieses Stück Erde gefesselt bin für alle Zeit, ... daß ich das beschwingte Roß nicht habe, ... daß die Türen überall verschlossen sind in dem Hause, wo ich wohne.“ Die Anspielung auf das geflügelte Dichterroß verdeutlicht, daß es sich um die Worte eines Künstlers handelt. Im zweiten Gedicht — dem ersten Gesang des Soprans — äußert sich ein Verlangen von

---

[2] In: Pult und Taktstock. Fachzeitschrift für Dirigenten, 1. Jg., 1924, S. 10 f.

[3] R. Tagore, Der Gärtner, deutsche Übersetzung von H. Effenberger, Leipzig 1914. Zemlinsky vertonte die Gedichte Nr. 5, 7, 3, 29, 48, 51 und 61.

ähnlicher Unbedingtheit: „Mutter, der junge Prinz wird an unserer Tür vorbeikommen... Ich weiß wohl, er wird nicht ein einz'ges Mal zu meinem Fenster aufblicken ... " Nach der Begegnung mit dem Prinzen heißt es dann: „Ich weiß, sie" (die Rubinenkette) „ward von den Rädern zermalmt... und niemand weiß, was mein Geschenk war und wer es gab." Das Verlangen des Mädchens aber ist, obwohl von vornherein aussichtslos, nicht auf ein „Jenseits", sondern auf Erfüllung der Liebe ausgerichtet. Im folgenden Gesang des Baritons spricht nun auch der Künstler von Liebe, allerdings in einer ganz anderen Weise: „Du bist mein Eigen, mein Eigen, du, die in meinen endlosen Träumen wohnt. ... Ich habe dich gefangen und dich eingesponnen in das Netz meiner Musik." Seine Liebe ist nicht auf Begegnung mit einem Du ausgerichtet, sondern dient als traumhafter Zustand der Verwirklichung als Künstler, sie ist nur ein Medium der Inspiration. Dieser ästhetisierenden Haltung steht das Verlangen des Mädchens nach realer Erfüllung gegenüber: „Sprich zu mir, Geliebter, sag mit Worten, was du sangest" beginnt der vierte Gesang, während der Künstler im folgenden sich gerade diesem Wunsch nach Konkretion entzieht: „Befrei mich von den Banden deiner Süße, Lieb!" Im vorletzten, sechsten Gesang wird das Mädchen gewahr, daß die Erfüllung seiner Liebe unmöglich ist: „Vollende denn das letzte Lied und laß uns auseinandergehn,... Wen müh' ich mich mit meinen Armen zu umfassen. Träume lassen sich nicht einfangen." Dem Künstler dagegen wird gerade dieses Scheitern zum ästhetischen Objekt: „Laß das Scheiden nicht einen Tod sein, sondern Vollendung. Laß Liebe in Erinnerung schmelzen und Schmerz in Lieder. ... Steh still, o wundervolles Ende, ... "

In den Texten der Lyrischen Symphonie ist das gleiche Problem wie in den Maeterlinck-Gesängen gestaltet: das Verhältnis von Kunst und Leben. Von entscheidender Bedeutung bei dieser Interpretation ist die „Anordnung", die Zemlinsky getroffen hat; denn erst durch sie erhalten die Gedichte eine Deutungsmöglichkeit, die jeder einzelne Text, für sich genommen, kaum hätte. Die Texte der Lyrischen Symphonie unterscheiden sich von denen der Maeterlinck-Gesänge allerdings nicht nur durch die andersartige Verschlüsselung, sondern das Problem selbst scheint weiterentwickelt: eingedenk der Erfahrung, die in den Maeterlinck-Gesängen reflektiert ist, entzieht sich der Künstler, nach dem ersten Anflug von Berührung, der „Verstrickung" mit dem Leben, zugleich aber auch den Ansprüchen des Menschen, dem er jenen entrückten Zustand der Liebe als Stimulans seiner Produktivität verdankt. Der Künstler ist zur Teilnahme an menschlicher Gemeinschaft untauglich — selbstgewählte Isolation wäre die Konsequenz.

Trotz großer Ähnlichkeit in der äußeren Anlage unterscheidet sich die Lyrische Symphonie von Mahlers „Lied von der Erde" in einigen wesentlichen Punkten. Faßt Mahlers Symphonie in Erinnerung und Abschied die ganze „liebe Erde" ins Auge, von deren vergangener Schönheit verschiedene Bilder entworfen werden, so ist Zemlinskys Werk nur mittelbar mit dem Weltenzustand befaßt, konzentriert sich vielmehr auf die Situation des Künstlers in der Welt.
 Nicht von Anfang an in Mahlers Licht milder Resignation getaucht, vollzieht

sich in der Lyrischen Symphonie ein Bewußtseinsprozeß, der Zemlinskys Komposition in ihren Abweichungen von dem Mahlerschen Vorbild bestimmt. Die sieben Gesänge der Lyrischen Symphonie sind im Unterschied zu Mahlers „Lied von der Erde" durch Orchesterzwischenspiele und die „leitmotivische Behandlung einiger Themen" miteinander verbunden. Dem ersten Gesang geht ein breit angelegtes Vorspiel voraus, in dem das Hauptthema der Sinfonie vorgestellt wird. Es hat aber nicht nur die Funktion einer Eröffnung der ganzen Sinfonie, sondern steht zugleich mit dem ersten Gesang in einem engen formalen Zusammenhang: es ist Hauptsatz eines torsohaften Sonatensatzes, den es zusammen mit dem ersten Gesang bildet. Ein Torso ist dieser Sonatensatz, da durch die Verbindung mit strophischen Bauprinzipien nicht alle seine Formteile ausgebildet sind: dem Hauptsatz folgt kein Seitensatz; die Durchführung bildet keinen geschlossenen Komplex, sondern ist ersetzt durch Orchesterzwischenspiele durchführungsartigen Charakters, die die einzelnen Gesangsabschnitte verbinden; Reprise (ein Takt vor Ziffer 27) und Coda sind deutlich herausgearbeitet. Diese Gliederung der Form wird durch die Harmonik unterstützt: die Tonika fis-moll wird trotz aller Ausweichungen im Hauptsatz erst nach dem Einsatz des Gesangs endgültig in Richtung d-moll als neuer tonaler Ebene verlassen und mit der Reprise wieder erreicht, in der Coda dann zunächst nach Fis-dur aufgehellt, ehe diese Aufhellung durch eine Rückblende auf d-moll dann doch zurückgenommen wird, und das Stück in fis-moll schließt.
Es ist noch auf das Rudiment eines Seitenthemas hinzuweisen: gegen Ende des Vorspiels erklingt, nach einer Generalpause, „sehr ruhig" eine Phrase (in D-dur), die sich in ihrem Gestus wie der Beginn des Seitenthemas ausnimmt, aber schon nach einem Takt in eine Wiederholung der Schlußwendung des Hauptsatzes zurückgebogen wird. Dies allein würde freilich noch nicht rechtfertigen, auch nur von einem rudimentären Seitenthema zu sprechen, würde nicht gerade diese Figur im Verlauf der Reprise zum beherrschenden Motiv des Orchestersatzes; das „Seitenthema" kommt — wie häufig schon in romantischer Sinfonik — erst in der Reprise recht zu Wort.
Das Hauptthema tritt feierlich und gewichtig auf (siehe Notenbeispiel 18, erste Akkolade). Der rhythmische Gleichlauf der Stimmen und die Parallelverschiebung der Akkorde, die freilich von Anfang an durch Gegenbewegung im Baß kontrapunktiert ist, verleihen ihm einen archaischen Zug; in ihm mischen sich der Charakter der dichterischen Welt Tagores mit einer bedrohlichen, „schicksalsschweren" Atmosphäre. Gleichwohl entwickeln die einzelnen Stimmen in ihrer „Selbständigkeit im Akkord-Verband"[4] eine Fülle von Motiven, die im Verlauf der Sinfonie verarbeitet werden; von besonderer Bedeutung sind die drei verschiedenen Grundrhythmen der ersten Takte, die die ganze Sinfonie durchziehen. Allmählich löst sich das Thema aus seiner „archaischen" Geschlossenheit und öffnet sich nach vier Takten einer differenzierenden

[4] P. Fiebig, Zu Alexander Zemlinskys „Lyrischer Sinfonie"; in: Neue Zeitschrift für Musik, 134. Jg., 1973, S. 150.

Notenbeispiel 18

Entwicklungspartie. In ihr werden die exponierten Motive verarbeitet, und die Harmonik erreicht, im Quintenzirkel abwärtsfallend, d-moll als vorübergehenden Fixpunkt, ehe sie mit der gestrafften Rekapitulation des Hauptthemas wieder nach fis-moll zurückkehrt. Im Vorspiel ist also die harmonische Disposition des ganzen Gesanges vorweggenommen — ein weiteres Beispiel für Zemlinskys Technik, einen musikalischen Sinnzusammenhang, sei es eine Harmoniefolge, die Intervallkombination eines Motivs oder auch nur eine bestimmte Art der Phrasenbildung, als Modell auf verschiedene Ebenen einer Komposition zu projizieren.

Auch die Fortschreitung von Akkord zu Akkord — als der kleinsten harmonischen Sinneinheit — zeigt, daß für den Fortgang der Harmonik weniger

Quintbeziehungen als vielmehr Terzverwandtschaften — auch solche zweiten Grades wie fis- und d-moll — von konstruktiver Bedeutung sind. Das Hauptthema der Sinfonie beginnt mit dem Wechsel eines fis-moll-Grundakkords und eines E-dur-Sextakkords, der wieder zu seinem Ausgangspunkt zurückkehrt. Durch den Paukenwirbel auf Cis, der diesem Akkordwechsel als Auftakt vorangeht, ist die Hörerwartung zweifellos auf die Dominante Cis-dur eingestellt. Dieser Erwartung entsprechen im Wechsel von fis und E alle Töne mit Ausnahme des e, das statt des erwarteten eis eintritt und die dominantische Leittonspannung paralysiert. Hinter dieser eher unscheinbaren diatonischen Wendung verbergen sich zwei Prinzipien Zemlinskyscher Harmonik, die bereits in der Oper „Der Zwerg“ beobachtet wurden (siehe oben S. 61): Vor dem Hintergrund einer Funktionsharmonik, die durch bestimmte melodische und stimmführungstechnische Mittel nur mehr in den Hörerwartungen wachgehalten wird, ohne verwirklicht zu werden, sind Terzverwandte und Dur- und Moll-Klänge austauschbar, und zwar nicht nur das eine oder das andere, sondern beides zugleich. Durch Terzverwandtschaft und Wechsel des Tongeschlechts ist E-dur über cis-moll zum funktionsharmonisch intendierten Cis-dur ebenso vermittelt wie fis-moll über D-dur zu d-moll. In diesem harmonischen Denken bedarf es zwischen vertretendem und vertretenem Akkord nur mehr eines gemeinsamen Tons, der nicht einmal Grundton eines der beiden Akkorde sein muß. Dadurch werden Erwartungsmuster harmonischer Funktionen oft nur noch durch einen einzigen Ton eines Akkordes erfüllt, und umgekehrt können verhältnismäßig einfach gebaute Akkorde in funktionsharmonischem Sinne sehr vieldeutig sein. Die kunstvolle Umschreibung der Dominante von fis im fünften Takt des Vorspiels verdeutlicht dies: zunächst erscheint cis^7, der die Töne des stellvertretenden E aus Takt 2 einschließt, dann d, das den ausgesparten Leitton eis (=f) nachträgt, schließlich eis-moll — über f=eis mit d-moll terzverwandt und gleichzeitig der terzverwandte Gegenklang der Dominante Cis-dur —, das aber sofort wieder durch das hinzugefügte d im Baß in eine freie Leittoneinstellung (mit doppeltem Leitton: his und d) zum anschließenden übermäßigen Dreiklang auf cis umgedeutet wird — endlich also eine (inzwischen) konventionelle Alterationsform der Dominante; doch mischt sich in diesen Klang auch die Nebenbedeutung einer terzverwandten Dominante (A-dur) zum folgenden D-dur-Sextakkord, der durch die Instrumentation freilich wieder eher als ein fis-moll mit Sext statt Quinte ausgewiesen ist. Die Spannung des Stückes zwischen fis und d ist hier zum ersten Mal auskomponiert.
Das unerschöpfliche Spiel mit Umdeutungen und Mehrdeutigkeiten vor dem Hintergrund einer nur noch fiktiven Funktionsharmonik ist ästhetisch homogen zu Zemlinskys Formgestaltung mittels Überlagerung verschiedener Formtypen. Im ersten Gesang der Lyrischen Symphonie wird der Torso der Sonatenform von der eher liedmäßigen Gestaltung der Singstimme kontrapunktiert. Für sie ist zunächst einmal der Bau des Gedichtes wesentlich, da — wie schon Fiebig anmerkte — „Zemlinsky dem Text eine bis ins Kleinste genaue, dabei selbständige, weil vollkommen mit eigenen Mitteln realisierte musikalische

Entsprechung komponiert“[5]. Der reimlose Text, der weder an ein festes Versmaß noch an eine bestimmte Strophenform gebunden ist, wird durch eine Zeile gegliedert, deren Wortlaut an ihrem Anfang jeweils verschieden, am Schluß aber konstant ist — also ein „variierter Refrain“ wie im Text des ersten Maeterlinck-Gesanges. Dieser Refrain ist immer ein Ausruf, nie ein vollständiger Satz; auch die Sätze, die ihm jeweils vorausgehen bzw. folgen, sind durch inhaltliche und grammatikalische Eigenheiten charakterisiert: die einen beginnen immer mit einer Ich-Aussage des lyrischen Subjekts über seinen inneren Zustand, die anderen enthalten, nach der einleitenden Floskel „Ich vergesse ...“, Negationen. Obwohl diese Sätze oder Satzgruppen von sehr unterschiedlicher Länge sind, vermitteln sie durch die regelmäßige Abfolge der Satztypen den Eindruck einer unregelmäßig gebauten Strophe:

1) Ich bin friedlos ...	O großes Jenseits ...	Ich vergesse, ..., daß ich keine Schwingen zum Fliegen habe ...
2) Ich bin voll Verlangen ...	O Ziel in Fernen ...	Ich vergesse immer, ..., daß ich nicht den Weg weiß ...
3) Ich bin ruhlos ...	O fernstes Ende ...	Ich vergesse, ..., daß die Türen überall verschlossen sind ...
	O fernstes Ende ...	

Diese periodisierenden Elemente reichen aber für eine strophische Anlage der Komposition nicht aus; denn die einzelnen Textabschnitte, die durch diese Periodisierung gebildet werden, sind von allzu unterschiedlicher Größe, als daß ihnen jeweils gleiche oder ähnliche Melodiezeilen zugeordnet werden könnten. Auch die „variierten Refrains“ des Textes werden so unterschiedlich komponiert, daß ihnen kein musikalischer Refrain entspricht; obendrein trennen die Orchesterzwischenspiele die Textstrophen an verschiedenen Stellen.

Es kommt also keine musikalische Strophenbildung zustande — sie hätte sich auch nur schwer mit den Formmomenten des Sonatensatzes verbinden lassen. Jedoch ermöglicht die Ambivalenz des Textes, der periodische Wiederholungen markiert, aber keine weiteren Bedingungen einer Strophenbildung erfüllt, auch eine „ambivalente“ Gestaltung des Gesangspartes, der einerseits nicht an Melodiezeilen und regelmäßige Periodik gebunden ist (und sich daher besser mit dem sinfonischen Orchestersatz verbinden läßt), andererseits aber doch bei der Deutung der Worte an dem von der Gattung des Liedes herkommenden Prinzip festhält, dem Text durch Variantenbildung ein Gefüge musikalischer Beziehungen zu überlagern (siehe oben S. 72).

Die erste Gesangsphrase, die das Kopfmotiv des Hauptthemas aus dem Vorspiel wieder aufgreift, ist der Ausgangspunkt für die Bildung der Varianten (siehe Notenbeispiel 19; Zahlen in Klammern beziehen sich im folgenden auf die Numerierung der Notensysteme). Je nach den Erfordernissen des Textes wird diese Zelle erweitert (2, 3) und schließlich, u. a. durch tonalitätssprengende Einschübe zu den Worten „daß ich keine Schwingen zum Fliegen habe“, zu einem großen Phrasenkomplex entwikkelt (4), der nahezu alle Tonhöhenkonstellationen der folgenden Phrasen enthält, wie eine eingehendere Betrachtung des Notenbeispiels zeigt. (Auf einen ausführlicheren

[5] P. Fiebig, a. a. O., S. 152

Notenbeispiel 19

3
3
3

Kommentar wird hier mit Hinweis auf die Ausführungen zur Variantentechnik im Zweiten Streichquartett verzichtet, obwohl einige Zuordnungen vielleicht der Erläuterung bedürften, um nicht mißverstanden zu werden, und auch andere Zusammenhänge aufzuzeigen wären; aber das Prinzip wird auch durch bloßes Studium des Notenbeispiels deutlich. Die Refrains sind in dem Notenbeispiel ausgelassen.)

Für den Zusammenhang des ganzen Gesanges, zumal unter dem Formaspekt des Sonatensatzes, ist aber wesentlich, daß Zemlinsky bei der Bildung der Varianten den periodischen Textwiederholungen nicht konsequent entsprochen hat. In der Mitte des Gesangs setzen sich Tonfolgen durch, die hauptsächlich aus den sekundären Einschüben abzuleiten sind (4, 5, 6) oder nur mehr entfernt an den Anfang erinnern — wie z. B. der Beginn von (8), der ebenso auf die Schlußwendung von (3) bezogen werden könnte. Erst mit der Reprise (9), die sich bereits in der zweiten Hälfte von (8) ankündet, wird der Zusammenhang mit den ersten Phrasen wieder deutlicher, verblaßt noch einmal vorübergehend (10), setzt sich dann aber in (11) eindeutig durch.

Die Ausformung der Varianten paßt sich aber nicht nur äußerlich dem Verlauf der Sonatenform an, sondern steht auch in einem sinnvollen Verhältnis zum Text. Bereits in den Maeterlinck-Gesängen standen tonalitätssprengende Elemente in Harmonik und Melodik ein für das Unerforschte, das Ungebändigte, das Leben (siehe S. 92); ähnliches begegnet in der Lyrischen Symphonie: zu den Worten „(ich vergesse immer,) daß ich keine Schwingen zum Fliegen habe", sucht die Melodie aus dem eindeutigen d-moll ihrer Umgebung mit tonalitätssprengenden Schritten auszubrechen, ehe sie dann doch bei den Worten „daß ich gefesselt bin für alle Zeit" kadenziert. In diesem Sinne entwickeln sich auch insgesamt die Varianten der Gesangsstimme: je drängender der Text jene „Sehnsucht nach dunklen Weiten" artikuliert, umso freier entfalten sich die Varianten und lösen sich von ihren Vorbildern; die Anklänge des Textes an Vorangegangenes — z. B. die Entsprechung „Ich bin voll Verlangen ..." zu „Ich bin friedlos" (1 zu 5) oder „Ich vergesse" zu „Ich vergesse immer" (4 zu 8) — werden nicht aufgegriffen. Erst mit der Reprise — zu den Worten „Ich bin ruhlos" — wird deutlich auf Vorangegangenes Bezug genommen. Diese Reprise verändert aber im Text entscheidend die Perspektive: die „Sehnsucht nach dunklen Weiten" ist verinnerlicht — „ich bin ein Wanderer in meinem Herzen". Die letzte Phrase, die sich noch einmal besonders deutlich auf den Anfang bezieht, nimmt die Aussichtslosigkeit dieser „Sehnsucht" vorweg: „... ich vergesse immer, daß die Türen überall verschlossen sind in dem Hause, wo ich einsam wohne."

Der weitere Verlauf der Sinfonie ist damit vorgezeichnet. Der zweite Gesang — nach Zemlinsky das (geradtaktige) „Scherzo" der Sinfonie — bewahrt im zweifachen Wechsel eines lebendigen ersten Teils (in der Tonika-Parallele A-dur) mit einem getragenen zweiten (in der Terzverwandten Des-dur) die thematischen Gestalten nach Art eines variierten Strophenliedes — einfache Kontrastierung der Welt des Mädchens und der des Prinzen, gleichsam realistisch, ohne „Sehnsucht nach dunklen Weiten". Dem Gesang folgt eine breit angelegte durchführungsartige Überleitungspartie des Orchesters, in der das Hauptthema der Sinfonie wieder aufgenommen und so zum „tiefernsten, sehnsüchtigen, doch unsinnlichen Ton des 1. Gesanges" zurückgeleitet wird.

An diesem Ton ist nach Zemlinsky auch im dritten Gesang — dem „Adagio" der Sinfonie — festzuhalten. Er ist konzentriert in dem Hauptgedanken des Adagios, den Alban Berg in seiner „Lyrischen Suite" zitiert hat (siehe Notenbeispiel 18, zweite Akkolade). Dieses Thema zeigt in vielen satztechnischen Einzelheiten Ähnlichkeiten mit dem Hauptthema der Sinfonie — zwischen beiden vermittelt übrigens die Hornmelodie in der Orchestereinleitung des Adagios (siehe Notenbeispiel 18, drittes System). Die melodischen Bewegungen im Rahmen des stehenden Es-dur-Klanges führen zunächst nur zu Mollfärbungen durch die Mollterz (fis/ges) und die Mollsext (ces). Es erscheint dann für eine Zählzeit Des-dur, das zu Es im gleichen Verhältnis steht wie zu Beginn der Sinfonie E-dur zu fis-moll. In dem „vagierenden Akkord" über Ces, der nochmals einige der Des-dur umschreibenden Töne in sich vereint, klingt der übermäßige Dreiklang aus Takt 5 des Vorspiels nach. Aber die harmonische Gestalt des Themas steht auch in engem Zusammenhang mit den Worten, die es trägt: „Du bist mein Eigen, mein Eigen". Den beschwörenden, bannenden Sinn dieses Refrains, der im Gedicht durch die Worte „ich habe dich gefangen und dich eingesponnen, Geliebte, in das Netz meiner Musik" konkretisiert wird, unterstreicht die Harmonik, die die Tonika fixiert. Diesen Zusammenhang zwischen den beiden Zeilen hat Zemlinsky durch eine musikalische Entsprechung verdeutlicht, indem er die Worte „ich habe dich gefangen und dich eingesponnen" als Variante des Themas komponiert hat — wie in den Maeterlinck-Gesängen wird der Text durch ein Netz musikalischer Beziehungen interpretiert, das den Text gewissermaßen mit Querverweisen versieht.

Um dieser Interpretation willen folgt Zemlinsky nicht der Form, die das Gedicht mit seinen drei Strophen und den jeweils abschließenden Refrains nahelegt. Wohl werden die Refrains im Text als Varianten des Themas bewahrt; die strophische Anlage aber, zu Anfang des Gesangs noch ausgebildet, weicht zunehmend einer freieren Verknüpfung der musikalischen Gedanken. Einzelne Motive des Themas werden im Orchestersatz verarbeitet und das Thema selbst in entlegenere Varianten abgewandelt, etwa durch Dehnung der Intervalle (siehe Notenbeispiel 18, 6. und 7. System) und durch harmonische Komplizierung (Notenbeispiel 18, dritte Akkolade; hier sind die Molltrübungen im Thema verschärft zu einer Überlagerung von d-moll und einem zwischen Dur und Moll changierenden Dreiklang auf F). Die melodische und harmonische Entwicklung des Satzes erreicht ihren Höhepunkt bei den Worten „in das Netz meiner Musik": die Singstimme ist in weitgespannten Intervallen geführt, die Harmonik pendelt mehrmals unvermittelt zwischen fis- und f-moll, im Orchester bilden gedämpfte Posaunen, Baßklarinette und Harfe („bisbigliando") jenen charakteristischen Klang, der bereits im „Traumgörge" und im „Zwerg" Chiffre für einen „traumhaften" Zustand war. Mit dem Refrain klingt das Adagio aus: „Du bis mein Eigen, mein Eigen. Du, die in meinen unsterblichen Träumen wohnt."

Der vierte Gesang, ein ausdrucksvolles Arioso des Soprans, verdankt sein Espressivo der Spannung zwischen Melodik und Harmonik. Während die Singstimme und einzelne interludierende Soloinstrumente melodische Bögen mit weit ausgreifenden Intervallen spannen, ruht die Harmonik auf lang gehaltenen Orgelpunkten (vorzugsweise auf d oder es). Die tonale Gravitation der Orgelpunkte und die Melodik, die dieser Gravitation zu entfliehen sucht, beeinflussen sich gegenseitig: bald wird die Melodik in ihrem expressiven Charakter domestiziert, indem die Intervallfolgen, wie durch ein Quartenraster gefiltert, eine pentatonische Färbung erhalten, die in der Harmonik wiederum als quartenhaltige Akkordbänder erscheinen, bald bewirken diese tonalitätssprengenden Melodiephrasen eine Chromatisierung der orgelpunktartigen Klangbänder. Die Form dieses Ariosos ist sehr frei; die Reprise des Vorspiels wird durch Überblendung neuer Gesangsphrasen verschleiert — nur die Wiederholung der ersten Worte „Sprich zu mir, Geliebter" am Schluß geben dem Gesang als ausdrückliche Rückbeziehung eine gewisse Abrundung.

Von ähnlicher Freiheit in der formalen Gestaltung ist der fünfte Gesang (vom Bariton „feurig und kraftvoll" vorzutragen). Die melodischen Phrasen der Singstimme im Orchestersatz werden durch intensive motivische Arbeit in kleinste Partikel aufgespalten, so daß der Gesang den Charakter einer Durchführung erhält, zumal auch der Synkopenrhythmus des Hauptthemas aufgegriffen und durchgeführt wird.

Der sechste Gesang ist ein Rezitativ („in heftig wechselndem Zeitmaß") in musikalischer Prosa atonaler Tendenz; die Gesangsstimme überläßt sich in ihrer expressiven, weit ausgreifenden Melodik ganz dem Duktus des Textes. In der Entwicklung einer musikalischen Sprache, die sich von Vergangenem — in der Geschichte und in der Komposition — zu lösen trachtet, bildet dieses Rezitativ den Höhepunkt in der Sinfonie. Nichts aber könnte Zemlinskys Konzeption der ganzen Sinfonie deutlicher offenbaren, als daß gerade auf diesem Höhepunkt der „Befreiung", nach den Worten „Träume lassen sich nicht einfangen", im Pianissimo der Posaunen das Hauptthema der Sinfonie wiederkehrt und so der Schwebezustand, dem sich die Musik genähert hat, durch das Zitat des musikalisch Vergangenen aufgehoben wird. Diese „Reprise", die auch das Thema des fünften und dritten Satzes aufgreift, setzt sich im letzten Zwischenspiel des Orchesters fort, wird aber durch den letzten Gesang suspendiert.

Der Schlußgesang des Baritons ist ein Adagio Mahlerschen Charakters. Die Beziehung zu Mahler läßt sich noch konkretisieren: gleich zu Beginn erscheint ein Motiv (auftaktiger Quartsprung aufwärts, anschließend ein fallender Sekund- und Terzschritt), das in Mahlers „Lied von der Erde" die melodische Keimzelle für alle Gesänge bildet[6] — lebendige Erinnerung ersetzt für Augenblicke die „Reprise", die das Nachspiel als Rückblick auf die ganze

---

[6] Vergleiche M. Lichtenfeld, Zemlinsky und Mahler; in: Alexander Zemlinsky. Tradition im Umkreis der Wiener Schule (Studien zur Wertungsforschung Bd. 7), hrsg. von O. Kolleritsch, S. 109.

Komposition fortsetzt; auf seinem Höhepunkt (Ziffer 123) erklingen gleichzeitig das Hauptthema der Sinfonie, eine Variante des Themas „Du bist mein Eigen“ und ein Gedanke des Schlußgesanges. In den letzten Takten ist D bereits als Tonika fixiert, die Dur-Sext h in hoher Lage ajoutiert, die Celesta fügt den quartigen Klang aus dem vierten Gesang hinzu, so daß alle Töne der D-dur-Tonleiter den mild dissonierenden, oszillierenden Schlußklang bilden.

Die Lyrische Symphonie verbindet — wie bereits angedeutet — in wesentlichen Momenten die Konzeption der Maeterlinck-Gesänge mit der des Zweiten Streichquartetts: sie bewahrt dessen großdimensionierte einsätzige Form in der ununterbrochenen Abfolge der Gesänge und in der „leitmotivischen Behandlung einiger Themen“, mit den Maeterlinck-Gesängen hat sie neben der äußeren Ähnlichkeit in der Anlage als „Liederzyklus“ die Problematik gemein, zugleich aber auch das Kompositionsprinzip, diese in Gradationen einer „vergeblichen Befreiung“ der musikalischen Form und Syntax umzusetzen.

Wie in den Maeterlinck-Gesängen meinen die Texte kein reales Geschehen — etwa eine gescheiterte Liebe, deren Geschichte sich auch als Novelle erzählen ließe. Denn bereits mit den beiden ersten Gesängen steht fest, daß das Verlangen des Mannes und der Frau nicht erfüllbar ist, daß es keinen Ausweg gibt! Die Liebe, von der dann doch in den folgenden Gesängen die Rede ist, spielt sich auf einer anderen, irrealen Ebene ab: Erfüllung und Abschied träumen die beiden Gestalten gewissermaßen aneinander vorbei, ohne sich je begegnet zu sein. Das Thema der Lyrischen Symphonie ist nicht unmittelbar „die Erfahrung des Lebens“[7], sondern dessen Traum — ein Traum von Liebe als ästhetische Veranstaltung des Künstlers. Und so wendet der Schlußgesang — das Verhängnis in den Maeterlinck-Gesängen geradezu beschwörend — das vermeintlich Erlebte ins Ästhetische: „Laß es nicht einen Tod sein, sondern Vollendung. Laß Liebe in Erinnerung schmelzen und Schmerz in Lieder.“

Zur Sinfonietta op. 23

Nach der Lyrischen Symphonie wandte sich Zemlinsky noch einmal der Gattung der Sinfonie zu. 1934, im Entstehungsjahr von Hindemiths Sinfonie „Mathis der Maler“ und zwei Jahre vor Bartóks „Musik für Saiteninstrumente, Schlagzeug und Celesta“, komponierte er die Sinfonietta. In ihr setzt sich, wie bereits der Name andeutet, Zemlinskys Tendenz zur Reduktion fort, die schon am Dritten Quartett zu beobachten war. Das Werk dokumentiert aber auch Zemlinskys Distanz zu den neuen Tendenzen im Kreis um Schönberg; es steht jener Art von konzertanter Musik für Orchester nahe, wie sie sich — parallel zum Charakter der Spielmusik im kammermusikalischen Schaffen — zwischen den beiden Weltkriegen entwickelt hatte.

[7] M. Lichtenfeld, a. a. O., S. 103.

Das Werk besteht aus zwei „sehr lebhaften" Ecksätzen (beide in D-dur) und einem langsamen Mittelsatz (in b-moll; auch hier also jene für Zemlinsky typische Disposition der Harmonik, die Terzverwandtschaft mit dem Wechsel des Tongeschlechts verbindet). Der erste Satz trägt Züge der Sonatenform („Exposition", Beginn der „Durchführung" 3 Takte vor Ziffer 9, „Reprise" 1 Takt nach Ziffer 24, „Coda" 4 Takte nach Ziffer 37), ohne sie deutlich hervorzukehren. Vor allem läßt sich die „Exposition" nicht in Haupt-, Seiten- und Schlußsatz gliedern; vielmehr besteht sie aus der mehrfachen, u. a. durch Erweiterungen und Auslassungen variierten Wiederholung eines Satzkomplexes, der die drei wesentlichen Gedanken des ganzen Satzes vorstellt: zu Beginn ein durch Quartenmelodik charakterisiertes, seltsam gehetzt anmutendes Thema, jedoch mit Signalwirkung — gewissermaßen Fanfare auf dem Rückzug —, dann ein rhythmisch prononciertes Thema, das sich aus einem auftaktigen Motiv schwungvoll entwickelt und schließlich in einen Gedanken von kantablem Charakter mündet. Diese unterschiedlichen musikalischen Charaktere halten den ganzen Satz im Wechsel zwischen flüchtiger Ungreifbarkeit, symphonischem Elan und lyrischer Verhaltenheit.

Der zweite Satz trägt die Überschrift „Ballade", die auf seinen strophischen Bau hinweist. Der Satz ist in Form von Doppelvariationen angelegt, freilich in anderer Art als der dritte Satz von Mahlers vierter Sinfonie: Die erste, zwölf Takte umfassende Strophe verbindet verschiedene Gedanken, die sich trotz ihres ähnlichen Ausdruckscharakters wie melodische Fragmente ausnehmen und sich nicht zu einem „Thema" zusammenschließen. Dieser Komplex wird in einer ersten „Misterioso"-Variation wiederholt. An sie schließt sich (nach dem Doppelstrich) ein zweiter Gedanke von thematischer Konsistenz an, der in den drei folgenden Variationen in einen immer üppigeren Klangteppich von Spielfiguren eingebettet wird. Dieser Aufbruch in ein neues, farbenschillerndes Klangreich wird gegen Schluß des Satzes zurückgenommen durch eine letzte Variation des Anfangskomplexes, in der sich die Pracht der Spielfiguren verliert.

In der Verteilung liedhafter Gedanken und instrumentaler Spielfiguren erinnert die Ballade an das Andante aus dem frühen Trio op. 3. Aber es gibt noch einen weiteren Rückbezug auf ein früheres Werk Zemlinskys. Der Trauermarsch-Charakter des Anfangs, hervorgerufen durch den Klang von Trompete (mit Dämpfer) und Tom-tom sowie durch die Tempo-Charakterisierung „Sehr gemessen", wird in seiner Bedeutung gegen Ende der Strophe (Takt 9, „noch langsamer") enthüllt: fast wörtlich wird hier eine Stelle aus dem letzten Lied der Maeterlinck-Gesänge zitiert. Die Ballade — einer der faszinierendsten Sätze, die Zemlinsky geschrieben hat — erzählt von längst Vergangenem.

Der Schlußsatz ist ein Rondo. Den Refrain bildet ein „freches", vom Weillschen Song-Typ abgeleitetes Thema, dessen Anfang durch die zweimalige Tonfolge d^2-b^1-cis^2-gis^1 markant hervorgehoben ist. Die Couplets sind von ihm durch einen emphatischen Ausdruckscharakter abgesetzt. In ihnen erscheinen eine Fülle von Reminiszenzen an Gedanken aus den beiden vorangegangenen Sätzen, etwa Anklänge an das Zitat aus den Maeterlinck-Gesängen (bei Ziffer 5), an den dritten, ruhigen Gedanken aus dem ersten Satz oder an die „Fanfare", die zunächst in ein schwärmerisches Thema verwandelt wird (Ziffer 14), vor der Coda (6 Takte nach Ziffer 29) aber noch zweimal wörtlich zitiert wird, ehe der Satz, noch einmal den Rhythmus des zweiten Gedankens aus dem ersten Satz aufgreifend, im Presto dem Ende zurast. Zemlinskys Idee des komponierten Traumes, die er 1914 in seinem Zweiten Quartett realisierte, nimmt unter dem Einfluß der neuen Tendenzen zu „objektivem Musizieren" einen gänzlich anderen Charakter an: das Rondo realisiert im Wechsel zwischen dem aufdringlichen Hier und Jetzt des Refrain-Themas und den Zitaten und assoziativen Anklängen an Vergangenes musikalische Schattenspiele.

RÜCKBLICK

Zemlinskys Schaffen verbindet stilistische Züge so unterschiedlicher Art, daß sie sich nicht unmittelbar zu einem klar umrissenen Profil des Komponisten zusammenschließen. Diese Weichheit, ja Unschärfe in den Konturen erschwert auf den ersten Blick Zemlinskys Abgrenzung von seinen berühmteren Zeitgenossen. Doch ist gerade dies ein Signum seiner Identität, daß sie in Frage gestellt scheint durch die Spannung zwischen altruistischen Zügen an der Oberfläche des Stils und einem wie immer gearteten „Kern" seiner Persönlichkeit. So gilt für Zemlinsky in besonderem Maße, daß zwischen den Stilmerkmalen, die sich beschreiben und historisch einordnen lassen, und der Persönlichkeit des Komponisten eine Differenz bleibt, die erst eine Deutung der Stileigentümlichkeiten überbrücken kann.

Da Zemlinsky sich über sein Selbstverständnis als Komponist so gut wie gar nicht geäußert hat, bieten allenfalls die Texte, die er komponiert hat, Ansatzpunkte für eine solche Deutung; und was diese „Quellen" insofern an Authentizität einzubüßen scheinen, als sie nicht vom Komponisten in ihrem Wortlaut verantwortet sind, gewinnen sie doch dadurch, daß er durch ihre Auswahl mindestens ebensoviel über seine Situation preisgibt wie in ausdrücklichen Stellungnahmen, in denen der Wille zur Rechtfertigung oft nicht weniger verdunkelt als erhellt.

Freilich sind auch die Texte, die Zemlinsky vertonte, von verwirrender stilistischer Vielfalt. Dennoch lassen sie ab der Jahrhundertwende in ihrem Inhalt eine durchgehende Intention erkennen, der sich Zemlinsky wohl erstmals 1903 bewußt wurde, als er Schönberg über ein Opernprojekt schrieb: „Kein Zweck für die Allgemeinheit, keine große Idee; allein dieser traurige Mensch mit seiner großen Individualität, die ihm sein Leid bringt u. z. durch die Liebe, wirkt tragisch. Ich denke dabei an Werther, an Fuhrmann Henschel, ja an Tristan."[1] Zemlinsky setzt hier, wohl noch unter dem Eindruck seiner unglücklichen Liebe zu Alma Schindler, sehr unterschiedliche Werke zueinander in Beziehung, die nur in dem Punkte übereinstimmen, daß sie in irgendeiner Weise von „unglücklicher Liebe" handeln. Aber diese Assoziationen, die sich so merkwürdig über stilistische Distanzen hinwegsetzen, verdeutlichen, daß nicht Kriterien des Stils (in weitestem Sinne), sondern bestimmte Aspekte des Inhalts, die Zemlinsky besonders berührten, für die Wahl eines Textes den Ausschlag gaben.

Zemlinskys Idee eines Dramas der „großen Individualität" gewinnt in mehreren Opern Gestalt, scheint aber auch in der Konzeption der Maeterlinck-Gesänge und der Lyrischen Symphonie durch. Individualität stellt sich in diesen

---

1 Brief Zemlinskys an Schönberg, ohne Datum (1903), Schönberg-Nachlaß, Los Angeles (u. z. = und zwar).

Werken als eine besondere psychische Disposition dar, die in der Tendenz zur Introspektion und der aus ihr resultierenden Verunsicherung der Identität besteht. Es sei an den Traumgörge erinnert, an Strapinski in „Kleider machen Leute", der sein Grafenleben gleichsam als selbst veranstalteten Tagtraum erlebt, an die Verstrickung in eine innere Welt, wie sie in den Maeterlinck-Gesängen dargestellt ist, an den Traum der Erfahrung von Liebe in der Lyrischen Symphonie und an den Zwerg, der in der Welt seiner inneren Vorstellungen gefangen ist. Gerade in dieser Figur ist der Zusammenhang zwischen Traumverfallenheit und Gefährdung der Identität am deutlichsten ausgeprägt. Das illusionäre Verhältnis des Zwerges zur Welt und die Unkenntnis seiner wahren Gestalt bedingen einander: in traumähnlichen Zuständen verliert das Ich seine Begrenzung und nimmt in seinem Bewußtsein fiktive Rollen an, in denen seine Identität verlorengeht oder doch gefährdet ist. Und dies kennzeichnet nicht nur die Situation des Zwerges, sondern auch die Strapinskis — seine Identität bleibt zwar in erster Linie seiner Umgebung verborgen, aber mitunter zweifelt er selber, ob er nun der Graf oder das arme Schneiderlein ist. Schließlich bildet die „Zerspaltung des Bewußtseins" im Labyrinth einer inneren Welt die Ausgangssituation für den Bewußtseinsprozeß in den Maeterlinck-Gesängen. Nimmt man hinzu, daß auch in dem unausgeführten Opernprojekt „Raphael" (nach Balzacs „Peau de chagrin") und in der unvollendeten letzten Oper „Der König Kandaules" (nach André Gide) die Identitätsaufhebung die Handlung bestimmt, so wird deutlich, daß die Vokalkompositionen häufig jene Fraglichkeit der Identität zum Thema haben, von der Zemlinsky selbst als Komponist betroffen ist. Und so spürte er wohl zuinnerst die Gefährdung seiner künstlerischen Position, ohne daß er ihr wirkungsvoll zu begegnen vermochte, obgleich ihm in seinen Werken die Situation des „besonderen Menschen" immer deutlicher vor Augen stand: der Titelfigur des „Traumgörge" gelingt der Ausgleich zwischen innerer Welt und Realität noch aus eigener Kraft, Strapinski übersteht den Zusammenbruch seines Tagtraumes nur mehr durch Hilfe von außen — durch Nettchens Liebe —, der Zwerg dagegen zerbricht an seiner Desillusionierung.

Trotz dieser pessimistischen Entwicklung nimmt Zemlinsky zu dem Rückzug in eine innere Welt lange Zeit eine ambivalente Haltung ein: er stellt sich ihm nicht nur als gefährliche Flucht aus der Realität dar, sondern auch als der einzige Ausweg zur Selbstverwirklichung des Individuums. Erst in späteren Jahren sucht er dieser Diskrepanz zwischen den Ansprüchen des Individuums und der Realität zu entfliehen, indem er sich stärker auf die sozialen Bezüge einläßt, in denen das Individuum existiert. Diese Wende kündet sich bereits in der Lyrischen Symphonie an: die Situation des „besonderen Menschen" erhält insofern eine neue Nuance, als er hier einem Du begegnet, das nicht ihm sich entzieht, sondern dem er selbst sich verweigert; die Isolation ist als selbst gewählte und verantwortete dargestellt.

Nach der Lyrischen Symphonie dominiert in manchen Texten der Vokalwerke die Darstellung der sozialen Situation des Individuums über die der inneren, so etwa in den „Symphonischen Gesängen" op. 20, denen Gedichte mit sozialkritischen Untertönen zugrunde liegen (sie entstammen dem Gedichtband „Afrika singt. Eine Auswahl neuer afro-amerikanischer Lyrik")[2]. Am deutlichsten, aber auch am heikelsten, ist diese Tendenz in der Oper „Der Kreidekreis" nach Klabund ausgeprägt: Das Schicksal der Hauptfigur Haitang ist nicht in ihrer psychischen Disposition begründet, sondern wird von ihrer sozialen Stellung und von politischen Ereignissen bestimmt. Auch sie bewahrt einen Traum in der Erinnerung, der sich jedoch im Happyend der Oper als wahre Begebenheit erweist. Die Differenz zwischen Traum und Realität ist ebenso aufgehoben wie die zwischen Ansprüchen des Individuums und der Gesellschaft: Haitangs persönliches Glück ist zugleich das Wohl des Staates.

Kein Sujet Zemlinskys handelt konkret von den Bedingungen und Formen künstlerischen Schaffens — in diesem engen Sinn gehört beispielsweise keine Oper Zemlinskys dem Genre des Künstlerdramas an —, doch ist die Situation des Künstlers in der „großen Individualität" des besonderen Menschen immer mitgemeint: die schicksalhaft verhängte Existenz in Isolation und Selbstbeobachtung, die die Figuren Zemlinskys in ihrer Identität bedroht, gleicht in ihren sozialen und psychischen Bedingungen der des Künstlers. Bedenkt man, daß es im ausgehenden 19. und beginnenden 20. Jahrhundert eine weit verbreitete Art des Denkens war, die Vielfalt künstlerischer Erscheinungen auf bestimmte Archetypen zurückzuführen und so in eine Typologie einzuordnen, so erhalten Zemlinskys Sujets neben ihrem immanenten quasi einen allegorischen Sinn, in dem die verschiedenen Ausprägungen des „besonderen" Menschen als Personifikationen des abstrakten Typs des „Künstlers an sich" zu interpretieren sind. So steht es dem Hörer der textgebundenen Musik Zemlinskys frei, je nach Art seines Bewußtseins den „besonderen Menschen" als Inbegriff des Individuums oder als Symbol des Künstlers zu verstehen. Und die Wahl dieser mehrdeutigen Texte verweist nicht nur auf Zemlinskys Bemühen, zwischen dem Interesse des „Eingeweihten" und dem des Publikums zu vermitteln, sondern ist auch ein Selbstschutz vor der Gefahr, allzu offen über die eigene prekäre Situation reden zu müssen.

Zemlinskys historische Situation ist die eines Nachgeborenen. Wie andere Komponisten seiner Generation stand er lange Zeit im Banne der großen musikalischen Tradition des 19. Jahrhunderts, aus dem er sich erst unter dem Einfluß Mahlers und Schönbergs zu lösen vermochte. Diese beiden Komponisten sind für seine stilistische Entwicklung von zentraler Bedeutung; sie bilden die Pole, zwischen denen Zemlinsky seinen Weg suchte. Für das Verständnis der Situation, in der sich Zemlinsky befand, ist es gut sich zu erinnern, welch besonderer Art die Beziehungen waren, die ihn mit Schönberg und Mahler verbanden. Schönberg war einer der wenigen Freunde, wenn nicht der einzige Freund, den Zemlinsky hatte; zudem war er sein Schwager. Dieser engen persönlichen Verbundenheit stand jedoch die wachsende stilistische Diskrepanz entgegen, die — ausgehend von Zemlinskys Vorbehalten gegenüber den

[2] Hrsg. von A. Nussbaum, Wien und Leipzig 1929.

Gurreliedern[3] und seinem reservierten Urteil über „Pelleas und Melisande"[4] — mit Schönbergs Schritt zur Atonalität in ein aktuelles Stadium trat: Zemlinskys Entschluß, 1908 eine Oper nach Gottfried Keller, mit dem die Vorstellung von Volkstümlichkeit verbunden war, zu komponieren, zu einem Zeitpunkt also, da Schönberg vor seinen Augen (beide wohnten im selben Hause) in der Auseinandersetzung mit der hermetischen dichterischen Welt Georges die Wendung zur Atonalität vollzog, mutet als eine verinnerlichte Gegenposition an. Zemlinsky zögerte, und doch leistete er dann im Zweiten Quartett Schönberg widerstrebend Gefolgschaft. In dem Widmungsbrief an Schönberg heißt es dann auch: „Ich gehöre eben doch zu euch, auch wenn ich anders bin."[5] Das Bewußtsein der Andersartigkeit und der Wunsch, nicht nur menschlich, sondern auch künstlerisch dem Freundeskreis um Schönberg zugezählt zu werden, kommen in dieser Äußerung zum Ausdruck, die — selten genug — einmal ein Schlaglicht auf Zemlinskys Selbstverständnis wirft. So erschrocken Zemlinsky im Grunde über Schönbergs Entwicklung gewesen sein muß, so sehr hat sie ihn doch fasziniert (eine Seelenlage, die für Strapinski ebenso charakteristisch ist wie für den Zwerg, der der Prinzessin seine Zuneigung mit den Worten gesteht: „Ich weiß nicht, was Liebe ist, aber wenn es die Furcht ist, dann liebe ich dich."). Erst in den zwanziger Jahren verlor Schönberg für Zemlinsky seine zwiespältige Anziehungskraft — auch diese Entfremdung hatte einen privaten Anlaß (Schönbergs schnelle Heirat nach Mathildes Tod) und künstlerische Ursachen (Zemlinsky mißtraute zutiefst der Zwölftontechnik als einer konstruktivistischen Manier)[6].

In Zemlinskys musikalischer Welt nahm Mahler den Platz eines Gegenpoles zu Schönberg ein. Ihm schien es in seinem Werk gelungen zu sein, individuelle Aussage und „Allgemeinverständlichkeit" zu verbinden — ein Ideal, dem Zemlinsky sich während seines ganzen Lebens verpflichtet fühlte. (Zemlinskys Bild von Mahler, das historisch durchaus als authentisch gelten kann, ist von affirmativen Zügen geprägt, die in der heutigen Mahler-Rezeption — wohl nicht ganz zu Recht — von dem einseitigen Bild des „kritischen Komponisten" verdrängt sind.) Zemlinskys Verhältnis zu seinem „väterlichen Freund" hatte freilich seinen wunden Punkt: Zemlinsky verlor Alma Schindler, die er zu gewinnen hoffte, an Mahler; doch vielleicht hat er gerade diese heimliche Rivalität in der Unantastbarkeit Mahlers sublimiert. Aber überläßt man sich einmal der — freilich überspitzten — Vorstellung von Zemlinskys Verhältnis zu Mahler und Schönberg, daß er dem einen als Freund, dem anderen als

---

3 Siehe A. Schoenberg, Briefe, ausgewählt und hrsg. von E. Stein, Mainz 1958, S. 128.

4 Siehe Anm. 1.

5 Brief Zemlinskys an Schönberg, undatiert (1914 oder 1915), Library of Congress, Wash., Schoenberg Collection.

6 Der Briefwechsel zwischen Schönberg und Zemlinsky zeigt das Bestreben beider Freunde, die immer wieder auftretenden Spannungen in ihren Beziehungen durch gegenseitiges Entgegenkommen abzubauen. Der „Gegensatz" Zemlinskys zu Schönberg, von dem dieser deutlich in seinem Brief an Eisler spricht (siehe Anm. 3), wird jedoch nie ausgetragen.

Komponist zugetan war und gleichzeitig zu Schönberg als Komponist, zu Mahler als „Rivale" eine gewisse innere Distanz spürte, so kann man ermessen, in welches Netz von emotionalen Beziehungen und unausgetragenen, verinnerlichten Konflikten Zemlinsky verstrickt war. Zweifellos trug auch diese psychische Situation Zemlinskys dazu bei, daß er, der ohnehin nicht dazu veranlagt war, sich rigoros durchzusetzen, Schwierigkeiten hatte, den ihm gemäßen Weg als Komponist zu finden und zu behaupten.

Die Affinität zu Mahler zeigt sich in einzelnen Jugendliedern bereits zu einem Zeitpunkt, da dieser noch nicht zum Hofoperndirektor berufen war, also für einen jungen Komponisten in Wien noch keineswegs als anerkanntes und nachahmenswertes Vorbild gelten konnte. Ob Zemlinsky zunächst ohne Mahlers direkten Einfluß ähnliche idiomatische Züge ausbildete oder sich um die Kenntnis Mahlerscher Musik eigens bemühte — diese Züge, die gegen den herrschenden Geist des Klassizismus zutage traten, deuten darauf hin, daß Zemlinskys eigentliche musikalische Heimat in der Nähe Mahlers anzusiedeln ist. Manche stilistische Eigentümlichkeit der frühen Kompositionen, etwa der Hang zu liedhafter Thematik in der Instrumentalmusik und das Übergewicht des subdominantischen Bereichs in der Harmonik, verweisen auch auf Schubert zurück. In ihnen scheint eine lyrische Grundhaltung Zemlinskys durch, der er sich im Elan der Jugendjahre wohl selbst nicht ganz bewußt war, die er vielleicht als Opernkomponist auch nicht wahrhaben wollte, obwohl sie sich gerade in dramaturgischen Schwächen der Bühnenwerke bemerkbar machte. Es scheint, als habe sich Zemlinsky zeit seines Lebens davor gescheut, sich zu seiner spezifischen Veranlagung uneingeschränkt zu bekennen — die Mischung aus Distanz und Identifikation mit den introspektiven Tendenzen seiner Opernfiguren und die Unsicherheit seines Personalstils deuten darauf hin.

Zemlinskys lyrische Grundhaltung geriet in einen Gegensatz zur Tradition, vor allem der Instrumentalmusik, die vom Geist des „dramatischen" Sonatensatzes geprägt war. (Vielleicht hatte schon die im Vergleich zu Schönberg vorsichtigere Adaption Wagnerscher Stilmittel hier ihren Grund.) In dieser Situation gewann Mahlers Versuch, Lied und Sinfonie, die intimste und offiziellste musikalische Gattung, miteinander zu versöhnen, für Zemlinsky besondere Anziehungskraft. In der Auseinandersetzung mit der tradierten Sonatenform versuchte Zemlinsky, deren Stringenz durch Überlagerung anderer Formkonzeptionen aufzubrechen (das Zweite Streichquartett ist dafür das deutlichste Beispiel). Mit dieser Überblendung unterschiedlicher Formen verträgt sich Zemlinskys Harmonik, die funktionale Zusammenhänge umschreibt, ohne sie zu erfüllen, und die Variantentechnik, deren Differenzierung über den durch Mahler entwickelten Stand hinaus wohl Zemlinskys hervorragende Leistung auf satztechnischem Gebiet ist[7]. In der Formanlage, in der Harmonik und in der Entfaltung der Themen bezieht sich Zemlinsky auf Modelle der

---

7 Vergleiche M. Lichtenfeld, Zemlinsky und Mahler; in: Alexander Zemlinsky. Tradition im Umkreis der Wiener Schule (Studien zur Wertungsforschung Bd. 7), hrsg. von O. Kolleritsch, S. 106.

Tradition. Aber nicht diese selbst sind gemeint, sondern die Abweichung von ihnen. Sie bilden gewissermaßen Folien, vor denen sich das „Eigentliche" abhebt. Die Tradition wird so als das Unerreichbare in historische Distanz gerückt. Zemlinskys Introspektion erscheint in seinen Werken als Retrospektive.

Durch die Überlagerung von Modellen der Tradition, die nur mehr im Bewußtsein des Hörers unterstellt sind, und realisierter Abweichung ist in Zemlinskys Musik jene Unschärfe einkomponiert, von der sein Bild als Komponist gezeichnet ist. Und so paßt es nicht schlecht zu den Sujets seiner Vokalkompositionen, die die Problematik seiner eigenen Situation reflektieren, daß die Form bisweilen unentscheidbar auf verschiedene Formtypen gleichzeitig bezogen ist; daß die Themen als „musikalische Individuen" in ihren wechselnden Varianten oft nicht auf eine primäre feste Gestalt festgelegt sind, sondern als „Variationen ohne Thema" Identität vermeiden; daß die Harmonik, sofern sie in einer Tonart verweilt, dominantische Spannungen häufig durch modale Färbungen lockert, sofern sie aber weiter ausgreift, nicht durch zielstrebige Modulationen neue harmonische Ebenen erreicht, sondern in seltsam verrätselten Akkordfolgen durch den harmonischen Raum wandert; in solchen Momenten scheint in Zemlinskys Harmonik — pars pro toto — Wagners „Tarnhelm-Motiv", das musikalische Symbol des Identitätstauschs, auskomponiert. Diese Stiltendenzen, die Zemlinsky in seinen originellsten Werken überzeugend zur Geltung gebracht hat, zeigen auch seinen Versuch, sich von der gleichsam diskursiv entwickelnden musikalischen Syntax der Tradition, die Prämissen und Konsequenzen kennt, zu lösen und eine Musik zu komponieren, die sich assoziativen Zusammenhängen überläßt. Zemlinsky hat in seiner Musik durchaus den Ansatz zu einem Personalstil entwickelt; dieser ist freilich durch seine Abhängigkeit von der Tradition, gegenüber der er nur als Abweichung, als komplementärer Gegenentwurf bestehen kann, gefährdet, und nicht selten fällt Zemlinsky in die Tradition selbst zurück, oder aber er erliegt in vermeintlicher eigener Schwäche der faszinierenden Gewalt der Musik seines Freundes Schönberg, der sich in einem ungleich stärkeren Maße von Bezügen zur Tradition löste.

Gerade vor dem Hintergrund von Schönbergs atonalem Stil einerseits und der Tradition des 19. Jahrhunderts andererseits haben formale und satztechnische Gestaltungsmittel in Zemlinskys Musik eine ambivalente Bedeutung, die sich nur aus dem Ganzen der Komposition und des Textes assoziativ erschließen. Atonalität bzw. tonalitätssprengende Verwicklungen und die Vermeidung formaler Gliederung durch Wiederholung verbinden sich häufig mit Vorstellungen von „Chaos", stehen aber auch ein für das ungebändigte Leben, das von dem „besonderen" Menschen in seiner Introspektion gefürchtet und zugleich ersehnt wird. Die Kadenz und ihr formales Korrelat, die „Reprise" (im allgemeineren Sinn von formaler Rückbeziehung), repräsentieren einmal affirmative Momente wie Erfüllung, ja Verklärung, ein andermal das Ende in fatalistischem Sinne, das Verhängnis.

Zemlinskys Konzeption, vor der Folie der musikalischen Tradition „Abweichungen" zu komponieren, war auch der Versuch, eine differenzierte Musik zu schreiben, die zugleich zugänglich ist. Sie ist im Grunde dem Ideal aus den Zeiten des Jugendstils verpflichtet, die sich auftuende Kluft zwischen Künstler und Publikum zu überbrücken, Kunst und Leben miteinander zu versöhnen. Und je mehr sich durch die geschichtliche Entwicklung ein allgemeinverbindlicher und geläufiger musikalischer Stil auflöste, umso offensichtlicher griff Zemlinsky auf Personalstile seiner Zeitgenossen als dessen Ersatz zurück. Es war nicht nur Zemlinskys Sensibilität und Fähigkeit, Fremdes zu assimilieren, die ihn Einflüssen öffnete; zu einem gewissen Grade zwang ihn auch seine eigene Konzeption in der besonderen historischen Situation zur Bezugnahme auf andere Personalstile.

Das Schaffen Zemlinskys enthält jedoch auch Züge, die auf Künftiges vorausweisen; allerdings war es Zemlinsky nicht beschieden, sie zur rechten geschichtlichen Stunde zur Geltung zu bringen. Die Reduktion des satztechnischen Aufwands in den Maeterlinck-Gesängen nimmt den stilistischen Ansatz Kurt Weills vorweg, dessen Song-Typ Zemlinsky dann später im „Kreidekreis“ nachgeahmt hat. Die „motorischen“ Passagen im Zweiten Quartett, auch dessen sonderbar zerfahrene letzte Durchführung, verweisen auf den frühen Hindemith, dessen zweites Quartett dann nicht ohne Einfluß auf Zemlinskys op. 19 blieb. Schließlich kündet sich in Zemlinskys Schaffen eine Krise des Stils als künstlerischer Kategorie an, die die Voraussetzung für die Technik der Stil-Collage bildete, ohne daß Zemlinsky selbst diese in bewußter Distanzierung vom Stil angewendet hätte.

Der Versuch, die auseinanderstrebenden Tendenzen der Zeit zu versammeln und als Einheit zu bewahren, dem Auseinanderbrechen von Individuellem und Allgemeinem zu wehren, zwang Zemlinsky zu einer stilistischen Gratwanderung, auf der es ihm nicht immer gelang, die Balance zu halten; vielleicht schlossen Stil-Haben und Einschmelzung aller nur möglicher Kontraste einander aus, war das eine nur um den Preis des anderen zu haben. Dennoch hat Zemlinsky eine Reihe von Werken geschaffen, in denen er seiner Idee von Musik eine unverwechselbare Gestalt verliehen hat und die wegen ihrer Originalität weitere Verbreitung verdienen. Zu ihnen gehören vor allem die Maeterlinck-Gesänge, das Zweite und das Dritte Streichquartett sowie die Lyrische Symphonie, vielleicht auch die Sinfonietta; von den Opern verdient „Kleider machen Leute“ eine Chance. Für die Ausführenden recht dankbar, wenn auch nicht von gleichem kompositorischen Niveau, sind von den Kammermusikwerken aus der Jugend das Trio für Klarinette, Violoncello und Klavier und das Erste Streichquartett. Die Wertschätzung, die Zemlinsky im Kreis um Schönberg genoß, sollte Anregung zur Beschäftigung mit seinen Werken sein. 1949 schrieb Schönberg in seinem „Rückblick“ über Zemlinsky: „Ich habe immer fest geglaubt, daß er ein großer Komponist war, und ich glaube noch immer fest daran.“[8] Ob Schönberg mit seiner Prognose „Zemlinsky kann warten“[9] Recht behält, muß die Zukunft erweisen.

---

[8] A. Schönberg, Rückblick; in: Stimmen. Monatsblätter für Musik, 1. Jg., 1949, S. 433.

[9] A. Schönberg, Gedanken über Zemlinsky; in: Der Auftakt, 1. Jg., 1921, S. 230.

WERKVERZEICHNIS

BÜHNENWERKE:

Sarema

Oper in 3 Akten nach R. v. Gottschalls „Die Rose vom Kaukasus". Komponiert vor 1895. Uraufführung 10. 10. 1897, Kgl. Hof- und Nationaltheater München. — München 1897 (Textbuch); Wien 1899 (E. Berté, Klavierauszug) [Partitur-Manuskript: Bayer. Staatsbibl., München]

Es war einmal

Oper in einem Vorspiel und 3 Akten (5 Bildern), Text von M. Singer nach H. Drachmanns gleichnamiger Komödie. Komponiert zwischen 1897 und 1900. Uraufführung 22. 1. 1900, Hofoper Wien. - Ungedruckt [Manuskript: Library of Congress, Washington, und Wiener Stadtbibl.]

Das gläserne Herz

Ballettmusik nach H. v. Hofmannsthals „Der Triumph der Zeit". Komponiert zwischen 1900 und 1904. Uraufführung 18. 2. 1903 konzertant unter dem Titel Ballettsuite, wahrscheinlich in einer Kurzfassung. [Manuskript: Library of Congress, Wash., Partitur datiert: Febr. 1904]

Ein Lichtstrahl

Ein Mimodram, Musik für Klavier zu 2 Händen. — [Manuskript: Library of Congress, Wash., datiert 10.—17. 5. 1901]

Der Traumgörge

Oper in 2 Akten und einem Nachspiel (in 3 Bildern), Text von L. Feld. Komponiert zwischen 1904 und 1906. Nicht aufgeführt. — Wien 1906 (W. Karzcag & C. Wallner, Klavierauszug und Textbuch) [Manuskript: Library of Congress, Wash., Enddatierung 26. 10. 1906]

Kleider machen Leute

1. Fassung: Musikalische Komödie in einem Vorspiel und 3 Akten, Text nach G. Kellers gleichnamiger Novelle von L. Feld. Komponiert zwischen 1906 und 1910. Uraufführung 2. 10. 1910, Volksoper Wien. — Berlin 1911 (Bote & Bock, Klavierauszug)
2. Fassung: Musikalische Komödie in einem Vorspiel und 2 Akten. Uraufführung 20. 4. 1922, Neues Deutsches Theater Prag. — Wien 1922 (UE, Klavierauszug u. Textbuch)

Bühnenmusik zu Shakespeares „Cymbeline" (op. 14)[1]

Komponiert 1914. (Uraufführung 1914 Mannheim?). — [Manuskript: Library of Congress, Wash.]

Eine florentinische Tragödie, op. 16

Oper in einem Aufzug, Text von O. Wilde in der Übersetzung von M. Meyerfeld. Komposition beendet 14. 3. 1916. Uraufführung 30. 1. 1917, Stuttgart. — Wien 1916 (UE, Klavierauszug)

Der Zwerg (op. 17)

Tragisches Märchen für Musik in 1 Akt. Text frei nach O. Wilde („Geburtstag der Infantin") von G. C. Klaren. Komposition beendet 4. 1. 1921. Uraufführung 28. 5. 1922, Köln. — Wien 1921 (UE, Klavierauszug u. Textbuch; Partitur 1922).

Der Kreidekreis

Oper in 3 Akten (7 Bildern), Dichtung von Klabund. Komposition beendet 8. 10. 1932. Uraufführung 14. 10. 1933, Zürich. — Wien 1933 (UE, Partitur, Klavierauszug u. Textbuch)

---

 [1] Die Opuszahl 14 erhielt später auch der 23. Psalm.

Der König Kandaules

Oper in 3 Akten nach A. Gides gleichnamigem Drama in der Übersetzung von Fr. Blei. Komponiert etwa um 1935, entweder Instrumentation nicht beendet oder Partitur teilweise verloren. Nicht aufgeführt. — [Manuskript: Library of Congress, Wash., Partitur (unvollständig), Klavierauszug (komplett) mit Enddatum 15. 9. 1935]

CHORWERKE:

Frühlingsglaube

Text von L. Uhland. Für gemischten Chor und Streichorchester. Komponiert 1896. — [Manuskript: Library of Congress, Wash.]

Frühlingsbegräbnis

Text von P. Heyse. Für 4 Solostimmen, gem. Chor und Orchester. Komponiert 1896, Uraufgeführt 11. 2. 1900, Wien. — [Manuskript: Library of Congress, Wash., (datiert 6. 7. 1896) u. Archiv der Gesellschaft der Musikfreunde in Wien (Aufführungsmaterial)]

83. Psalm

Für Chor und großes Orchester. Komponiert 1900. — [Manuskript: Library of Congress, Wash., datiert 10. 9. 1900]

23. Psalm, op. 14

Für gem. Chor und Orchester. Komponiert vor 1910. Uraufführung 10. 12. 1910, Wien. — Wien 1911 (UE, Klavierauszug u. Stimmen; Partitur 1922)

13. Psalm, op. 24

Für gem. Chor und Orchester. Komponiert etwa 1935. Uraufführung 8. 6. 1971, Wien. — [Manuskript: Library of Congress, Wash.]

LIEDER:

Waldesgespräch

Text von J. v. Eichendorff. Ballade für eine Sopranstimme, Streichorchester, Harfe und 2 Hörner. Komponiert Ende 1895. — [Manuskript: Library of Congress, Wash.]

Der alte Garten

Text von J. v. Eichendorff. Für eine Mittelstimme und Orchester. — [Manuskript: Library of Congress, Wash.]

Die Riesen

Text von J. v. Eichendorff. Für eine Mittelstimme und Orchester. — [Manuskript: Library of Congress, Wash.]

Lieder für eine Singstimme mit Pianoforte, op. 2

Komponiert 1894—96. — Kopenhagen und Leipzig 1897 (W. Hansen, 2 Hefte. Ausgaben für hohe und mittlere Stimme)

Gesänge für eine Singstimme mit Klavierbegleitung, op. 5

Kopenhagen und Leipzig 1898 (W. Hansen; 2 Hefte. Ausgaben für hohe und mittlere Stimme)

Walzer Gesänge nach toskanischen Volksliedern von Gregorovius für eine Singstimme mit Begleitung des Pianoforte, op. 6
Berlin 1899 (N. Simrock). [Manuskript: Library of Congress, Wash., Titelblatt datiert 28. 3. 1898]

Irmelin Rose und andere Gesänge für eine tiefere Stimme mit Klavier, op. 7

Kopenhagen und Leipzig 1901 (W. Hansen)

Turmwächterlied und andere Gesänge für eine tiefere Stimme mit Klavier, op. 8

Kopenhagen und Leipzig 1901 (W. Hansen)

Ehetanzlied und andere Gesänge für eine Singstimme mit Klavierbegleitung, op. 10 komponiert 1901 [?]. — Wien o. J. (Doblinger)

Sechs Gesänge für eine mittlere Stimme und Klavier, op. 13

Texte von M. Maeterlinck. Nr. 1, 2, 3 und 5 komponiert 1910; Uraufführung 11. 12. 1910. Nr. 4 und 6 komponiert im August 1913. — Wien 1914 (UE)
Orchesterfassung: Uraufführung von Nr. 1, 2, 3 und 5 am 31. 3. 1913 Wien. — Wien 1923 (UE); Nr. 4 und 6 Wien 1924 (UE; gleiche Editionsnummer — 7066 — wie 1923)

Symphonische Gesänge, op. 20

Texte aus „Afrika singt. Eine Auslese neuer afro-amerikanischer Lyrik" (Wien 1929). Für eine mittlere Stimme und Orchester. Komponiert um 1929. — Wien 1933 (UE, ungedruckt) [Manuskript: Library of Congress, Wash., datiert 2. 8. 1929]

Sechs Lieder mit Klavier für eine hohe Stimme, op. 22

Texte von Chr. Morgenstern und J. W. v. Goethe. Uraufführung 13. 2. 1935 Wien. — [Manuskript: Moldenhauer-Archiv, Spokane, USA; datiert „Jänner 34"]

Zwölf Lieder nach Gedichten von St. George, Kalidasa, Amaru, L. Hughes, Cl. McKay und J. W. v. Goethe, op. 27
Komponiert um 1938. — [Manuskript: Library of Congress, Wash.]

Three Songs

Texte von I. Stein-Firner, engl. Übersetzung von A. Matullah. — New York 1940 (Chappell & Co)

Lieder aus dem Nachlaß (Auswahl)

[alle Manuskripte: Library of Congress, Wash.]
Geflüster der Nacht (Storm, 1894); Orientalisches Sonett (1895); Nun schwillt der See so bang (Wertheimer, 1895); Herr Bombardil (Schröder, 1901); Die Sonnengasse (A. Holz, 1901); Es war ein alter König (Heine, 1903); Schmetterlinge (Liliencron, 1904); Auf See (Dehmel, 1907); Jane Grey (H. Ammann); Ansturm (Dehmel, 1907); Letzte Bitte (Dehmel, 1907); Ahnung Beatrians (Werfel, 1935); Schlummerlied (Beer-Hofmann); Stromüber (Dehmel); Der Morgenstern (?); Der verlorene Haufen (V. Klemperer); Daß doch gemalt (Heyse); Hörtest du denn nicht hinein (Hofmannsthal); Noch spür' ich ihren Atem (Hofmannsthal); Harmonie des Abends (Baudelaire); Ernste Stunde (Rilke); Mit Toves Stimme flüstert der Wald (J. P. Jacobsen).

ORCHESTERWERKE:

Lustspielouverture

(zu „Der Ring des Ofterdingen" von W. Wartenegg). Für großes Orchester. Komponiert 1894—95. — [Manuskript: Library of Congress, Wash.]

Symphonie d-moll

Für großes Orchester. Komponiert 1892. Uraufführung 10. 2. 1893 Wien. — [Manuskript: Library of Congress, Wash.]

Orchester-Suite

Uraufführung 18. 3. 1895, Wien. — [Manuskript: Library of Congress, Wash.]

Symphonie B-dur

Für großes Orchester. Komponiert 1897. Uraufführung 5. 3. 1899, Wien. — Wien (UE, ungedruckt) [Manuskript: Library of Congress, Wash., datiert 9. 9. 1897]
Uraufführung 18. 3. 1895. — [Manuskript: Library of Congress, Wash.]

Die Seejungfrau, Phantasie für Orchester

Nach dem gleichnamigen Märchen von H. Chr. Andersen. Uraufführung 25. 1. 1905, Wien. — Ungedruckt. [Manuskript verschollen]

Lyrische Symphonie, op. 18

„In sieben Gesängen nach Gedichten von R. Tagore für Orchester, eine Sopran- und eine Baritonstimme". Komponiert 1922. Uraufführung 4. 6. 1924, Prag. — Wien 1923 und 1926 (UE, Klavierauszug und Partitur; von dieser 1974 photomechanischer Nachdruck)

Sinfonietta, op. 23

Komponiert März—Juli 1934. Uraufführung Jänner 1935, Prag. — Wien 1935 (UE)

KAMMERMUSIK:

Trio A-dur für 2 Violinen und Viola

Komponiert April 1892. — Ungedruckt [Manuskript: Bucuresti Biblioteca Academiei Republicii Socialiste Romania]

Quartett D-dur

Für Klavier, Violine, Viola und Violoncello. Uraufführung 20. 11. 1893, Wien. — Ungedruckt. [Manuskript verschollen]

Sonate für Violoncell und Clavier

Uraufführung 23. 4. 1894, Wien. — Ungedruckt. [Manuskript verschollen]

Streichquartett e-moll

[Manuskript: Library of Congress, Wash.]

Suite A-dur

Für Violine und Klavier. Uraufführung 24. 1. 1896, Wien. — Ungedruckt. [Manuskript: Library of Congress, Wash. (unvollständig)]

Streichquintett d-moll

Für 2 Violinen, 2 Bratschen und Violoncello. Uraufführung 5. 3. 1896, Wien. — Ungedruckt. [Manuskript: Library of Congress, Wash.]

Trio d-moll, op. 3

Für Klarinette, Klavier und Violoncello. Uraufführung 11. 12. 1896, Wien. — Berlin 1897 (N. Simrock)

Streichquartett A-dur, op. 4

Uraufführung 2. 12. 1896, Wien. — Berlin 1898 (N. Simrock)

2. Streichquartett, op. 15

Komponiert um 1914. — Wien 1916 (UE)

3. Streichquartett, op. 19

Komponiert um 1924. Uraufführung Oktober 1924, Leipzig. — Wien 1925 (UE)

4. Streichquartett (Suite), op. 25

Komponiert 1936, Uraufführung 21. 4. 1967, Wien. — Ungedruckt. (Eine Ausgabe wird von der UE vorbereitet) [Manuskript: Library of Congress, Wash.]

Jagdstück für 2 Hörner und Klavier

[Manuskript: Library of Congress, Wash.]

Serenade für Pianoforte und Violine

[Manuskript: Library of Congress, Wash.]

KLAVIERMUSIK:

Sonate c-moll für Pianoforte

Komponiert 1890. — [Manuskript: Bucuresti Biblioteca Academiei Republicii Socialiste Romania]

Drei leichte Stücke für Klavier

Komponiert 1891. — [Manuskript: Bucuresti Biblioteca Academiei Republicii Socialiste Romania]

Ländliche Tänze für Klavier, op. 1

Leipzig 1892 (Breitkopf & Härtel)

Fantasien über Gedichte von Richard De[h]mel für Pianoforte, op. 9

Komponiert um 1900. — Wien o. J. (Doblinger)

LITERATUR[1]

ADORNO, Theodor W., Zemlinsky; in: Quasi una fantasia. Musikalische Schriften II, Frankfurt/Main 1963, S. 155—180.

BERG, Alban, Briefe an seine Frau, München — Wien 1965.

FIEBIG, Paul, Zu Alexander Zemlinskys „Lyrischer Sinfonie"; in: Neue Zeitschrift für Musik, 134. Jg., 1973, S. 147—152.

FLOROS, Constantin, Das esoterische Programm der Lyrischen Suite von Alban Berg. Eine semantische Analyse; in: Hamburger Jahrbuch für Musikwissenschaft I, Hamburg 1971, S. 101—145.

HILMAR, Ernst [Hrsg.], Arnold Schönberg. Ausstellungskatalog, Wien 1974.

HOFFMANN, Rudolf Stefan, Alexander von Zemlinsky; in: Der Merker, 2. Jg., 1911, S. 193—197.

KOLLERITSCH, Otto [Hrsg.], Alexander Zemlinsky. Tradition im Umkreis der Wiener Schule (Studien zur Wertungsforschung Bd. 7), Graz 1976 (Mit Beiträgen von R. Gerlach, G. Gruber, E. Hilmar, T. Kneif, O. Kolleritsch, M. Lichtenfeld, J. Maegaard, G. Neuwirth, W. Pass, A. Staudinger, R. Stephan und H. Weber)[2].

LA GRANGE, Henry-Louis de, Mahler, Bd. 1, New York 1973.

LINDLAR, Heinrich, Der Komponist Alexander Zemlinsky; in: Neue Zeitschrift für Musik, 123. Jg., 1962, S. 452—454.

MAHLER, Arnošt, Alexander Zemlinsky; in: Die Musikforschung, 24. Jg., 1971, S. 250—260; gekürzt auch in: Österreichische Musikzeitschrift, 26. Jg., 1971, S. 586—589.

— Alexander Zemlinskys Prager Jahre; in Hudební věda, 9. Jg., 1972, S. 237—249.

MAHLER, Gustav, Briefe, hrsg. von Alma Mahler, Berlin 1924.

NĚMEČEK, Jan, Dějiny opery, operety a baletu býv. Nového německého divadla v Praze 1888 (1883)—1944 (Geschichte der Oper, Operette und des Balletts des ehemaligen Neuen deutschen Theaters in Prag...), Prag 1962 [maschinenschriftlich].

NEUWIRTH, Gösta, [Notizen zu Zemlinskys op. 1, 7, 8, 9, 15 und zur B-dur-Sinfonie]; in: Programmheft zum Musikprotokoll Graz 1974.

ONCLEY, Lawrence Alan, The published Works of Alexander Zemlinsky, Diss. Indiana University 1975 (Xerox University Microfilms Nr. 75 — 17.061, Ann Arbor, Mich.; mit nahezu vollständigem Werkverzeichnis einschließlich sämtlicher Jugendwerke, unvollendeter Kompositionen und Skizzen aus Zemlinskys Nachlaß in der Library of Congress, Washington).

RINGER, Alexander L., Schoenbergiana in Jerusalem; in: Musical Quarterly, 54. Jg., 1973, S. 1—14.

RUFER, Josef, Das Werk Arnold Schönbergs, Kassel 1959.

SCHÖNBERG, Arnold, Briefe, ausgewählt und hrsg. von Erwin Stein, Mainz 1958.

— Rückblick; in: Stimmen, Monatsblätter für Musik, 1. Jg., 1949, S. 433—440.

SKÁLA, Pavel, Skladatelský odkaz A. Zemlinského (A. Zemlinskys kompositorisches Vermächtnis); in: Hudební rozhledy, 24. Jg., 1971, S. 461—465.

STEINHARD, Erich [Hrsg.], Zemlinsky-Sonderheft: Der Auftakt. Musikblätter für die tschechoslowakische Republik, 1. Jg., Heft 14/15, Prag 1921 (Mit Beiträgen von Fr. Werfel, H. Jalowetz, P. Stefan, A. Schönberg, Fr. Schreker u. a.).

[1] Es werden nur Veröffentlichungen mit unmittelbarem Bezug auf Zemlinsky, nicht aber alle in den Anmerkungen erwähnten Titel aufgeführt.

[2] Auf diesen Titel konnte in den Anmerkungen erst vom 3. Kapitel des Werkteiles ab verwiesen werden.

STOMPOR, St., Alexander Zemlinsky v Praze (A. Z. in Prag); in: Hudební rozhledy, 26. Jg., 1973, S. 271—278.

VOICANA, Mircea, Zemlinsky, Un Camarade viennais de George Enescu; in: Revue romaine d'histoire de l'art, 5. Jg., 1968, S. 155—162.

WEBER, Horst, Zemlinsky in Wien 1871—1911; in: Archiv für Musikwissenschaft, 28. Jg., 1971, S. 77—96.

— Zemlinskys Maeterlinck-Gesänge; in: Archiv für Musikwissenschaft, 29. Jg., 1972, S. 182—202.

— Schönbergs und Zemlinskys Vertonung der Ballade „Jane Grey“ von Heinrich Ammann. Untersuchungen zum Spätstadium der Tonalität; in: Report of the 11th Congress Copenhagen 1972, 2 Bde., Kopenhagen 1974, S. 705—714.

— Jugendstil und Musik in der Oper der Jahrhundertwende; in: Die Musikforschung, 27. Jg., 1974, S. 171—174 (u. a. zu Zemlinskys Oper „Der Traumgörge“).

ZEMLINSKY, Alexander, Persönliche Erinnerungen; in: Musikblätter des Anbruch, 4. Jg., 1922, S. 69—70.

— Lyrische Symphonie; in: Pult und Taktstock. Fachzeitschrift für Dirigenten, 1. Jg., 1924, S. 10—11.

— Einige Worte über das Studium von Schönbergs „Erwartung“; in: Pult und Taktstock, Fachzeitschrift für Dirigenten, 4. Jg., 1927, S. 44—45.

— Jugenderinnerungen; in: Arnold Schönberg zum 60. Geburtstag, [Wien 1934], S. 33—35.

Der Abdruck der Notenbeispiele erfolgt mit freundlicher Genehmigung der Verlage Universal Edition, Wien (Nr. 1—5 und 10—19) und W. Hansen, Kopenhagen (Nr. 6—9).

Bildnachweis: Das Original des reproduzierten Briefes Zemlinskys befindet sich im Archiv der Universal Edition, Wien, die Photographien und Emil Orliks Lithographie von Zemlinsky sind im Besitz des Verfassers (Geschenke von Frau Louise Zemlinsky, New York).